Lasse Los

Der GEIST wehrt sich, wo er will!

Lasse Los, Jahrgang 1947, Diplom-Pädagoge und Psychologe, Liedermacher und Dichtender, kurzum: Passionierter und mittlerweile pensionierter Mitmensch, beruflich in verschiedenen sozialpädagogischen und psychologisch beratenden Feldern, auch spirituell begleitend, kreativ tätig gewesen, seit mehr als fünfundzwanzig Jahren seine Lebensweisheiten (ver)dichtend aktiv.

Mein
Schicksal
bei Kirchens
oder:
Ein Blick Einblick

Als Täter der kritischen Explikation
so manch` einer strittigen Implikation
ein Opfer verborgener Inquisition
in einer verbogenen Institution!

Kirchlicher
Trennungs-Grund

Mich
geweigert,
bei den Lämmern
mit
den
Wölfen
zu heulen!

Lasse Los

Der

GEIST

wehrt sich, wo er will!

oder

Abgesang im

Übergang zum Aufgang

oder

Den Frommen entkommen

oder

Angewidert abgewandt

Bibliografische Information der Deutschen Nationalbibliothek:
Die Deutsche Nationalbibliothek verzeichnet diese Publikation in der
Deutschen Nationalbibliografie; detaillierte bibliografische Daten sind im
Internet über http://dnb.dnb.de abrufbar.

Umschlaggestaltung: Lasse Los
Edition LOS Band 7
lasselos@email.de

Herstellung und Verlag:
BoD - Books on Demand,
Norderstedt

ISBN 978-3-7448-3360-8

Inhalt   Seite

FROMM oder frömmelnd? 60

GEWISSHEIT oder Sicherheit? 68

PFARRER oder Pfaffe?   124

PREDIGT oder Gepredige?   136

Vorwort

Der biblische Spruch vom „GEIST, der weht, wo er will“ (Joh. 3.8) hat sich in meinem Leben mehrfach bewahrheitet. Auf meiner Suche nach einem gelingenden Leben hat ER mich auch zur Mitarbeit in der Kirche animiert. Doch in den fünfundzwanzig Jahren, in denen ich Kirche erlebte, mitgestaltete und vor allem erlitt, hat ER sich häufiger als der offenbart, „der sich wehrt, wo er will“. *(Näheres in „Lasse Los: R-Ausgeflogen“ - Ein bunter Abgesang auf einen Kreuzweg in und aus real existierender Kirche - Norderstedt 2016)*

Das Brot der Theologen

In meinen Krisen suchte ich
das Brot der Theo-
logen.

Auf
ihr Geheiß
„verbuchte - ich”
und wurde eingesogen
ins jeweilige Gottesdenken.
Doch schützte mich vor diesem Tanz
ein heilsames Mich-Neu-Versenken.

Es schenkte mir die Ur-Distanz
bei allem Geistigen-Verrenken
in manchen Geistesabenteuern
mein Hirn selbst anzuheuern,
mich mündig souverän zu lenken.

Ich schaute in den Klärungsfeuern:
Sie haben Kuchen mir versprochen,
und ich, ich wollte doch nur Brot!
Gestein, das haben sie gebrochen
und mir gereicht in meiner Not.

In Krisen suche ich nicht
mehr das Brot der Theologen.
Will ❃⌖✝✟ mich finden, muss ich leer
sein, sonst bin ich schon betrogen
um jene EINE - WIRKLICHKEIT,
die mich ganz ZU-MIR-SELBST befreit.

R-AUSGEFLOGEN

Trotz vieler Klerikahl-Querelen
ließ ich mich oft davon beseelen,
im Geist des Jeshua zu leben,
an Mitmenschlichkeit mit-zu-weben
in meiner eigenen Lebenswelt
und meinem weiten Arbeitsfeld.

Die Kirche wählte ich bewusst
als Wirkungsort, trotz allem Frust,
von dem mir andere erzählten,
die sich schon lang` in Kirche quälten.
Ich habe nicht auf sie gehört,
hab` mich an Illusion betört.

Drum musst in fünfundzwanzig Jahren
ich selbst am eigenen Leib erfahren,
wie sehr der Geist des Jeshua
sporadisch nur anwesend war
im kirchgetrübten Alltagstrott,
obwohl man an ihn glaubt als Gott.
(Vielleicht auch gerade deswegen?!?)

Ich knüpfte manch` ein Lebensband
und leistete auch Widerstand dem
Nur-So-Tun-Als-Ob-Verkleben
bei manchem klerikalen Streben
nach Macht, getarnt in Brudermienen.

Wer herrschen will, soll anderen dienen!

So hat es Jeshua gelehrt!
Und weil ich immer ihn verehrt,
hab` ich versucht, mich dran zu halten,
geschwisterlich nur mit-zu-walten.
Mit denen, die mir anvertraut,
hab` ich ein Lebenshaus gebaut.

Hier konnten sie sich frei entfalten
in ihren menschlichen Interessen.
Hier brauchten sie sich nicht zu messen
beim schöp-fe-ri-schen Mit-ge-stal-ten.
Hier schlichteten wir schnell den Streit
und übten uns in Freundlichkeit.

Doch weil es Jugendliche war`n,
die sich nur selten vor den Karr`n
der Kirchenzu/ku/nft spannen wollen,
verstärkte man das Kirchengrollen:
Die Jugend kirchlich **aus**-zurichten
und wieder strenger anzubinden,
anstatt sich mit ihr **auf**-zurichten,
um Zugang zu ihr neu zu finden.

Das Ringen wurde nicht im Geist
des Nazareners ausgetragen!
So ist das Klima bald vereist.
Es schlug aufs Herz, begann zu nagen
an meiner Seele Gleichgewicht.
Ich nötigte mich zum Verzicht
auf das, was mich beinah` verbogen:

Aus klerikahlem Zank und Streit
hab` ich mich dann zurückgezogen,
mich meiner Arbeit nur geweiht.
(Die finanziell - das sei ganz nebenbei
   bemerkt - sich fast aus dem nur speist,
     was man im Sprachlichen sehr frei
      die „Öffentlichen Mittel" heißt.)

Ich ließ mich nicht als
„Pfaffenbimbo"
steuern!
Drum
suchte man nach
Gründen, mich zu feuern!

„Wer suchet, wird auch finden!"

Und so fand man was,
dramatisierte es! Verbannt
wurd` ich in überhasteter Aktion!
Des neuen Besens fromme Oberhand
herrscht nun und mit ihr auch ein andrer Ton!

Ob der jedoch auch Jugend findet -
die sich ja kaum noch kirchlich bindet -
das müssen jene erst beweisen,
die mich aus meinen Arbeitsgleisen
in Arbeitslosigkeit verstießen,
mich Ungewissem überließen!

(Aus: „Lasse Los: R-Ausgeflogen"
Ein bunter Abgesang auf einen Kreuzweg in
und aus real existierender Kirche - Norderstedt 2016)

Während eines Kirchentages in den Anfängen meiner Tätigkeit lernte ich eine langjährige Sekretärin eines Superintendenten kennen, die mir aus ihren bunten Erfahrungen mit Pfarrern ihre Einschätzung nahelegte: 80 % seien neurotisch und „abgedreht banal", mit ihnen sei die Zusammenarbeit schwierig, 15 % seien in Ordnung und „angedreht normal", mit ihnen könne sie gut zusammenarbeiten und 5% seien „aufgedreht genial", mit ihnen sei die Zusammenarbeit anstrengend und nerven-aufreibend. Ihr Superintendent teile ihre Einschätzung und litte auch an dieser Gesamtlage. Obwohl ich ihr noch widersprach, musste ich ihr im Laufe der Zeit zustimmen. Noch radikaler formulierte es der Präses der Evgl. Kirche im Rheinland, der ehemalige Superintendent meines Kirchenkreises, Peter Beier, in einem persönlichen Gespräch. Als ich ihn zufällig traf, etwa drei Wochen vor seinem plötzlichen Herztod (er wartete an einem verregneten Oktobertag vor unserem Gemeindehaus auf seine ehemalige Sekretärin), da knüpfte er an meine ihm bekannten Vorbehalte gegen Kirche an und überschüttete mich mit seiner abgründigen Kirchenkritik, dass ich aus dem erschreckten Staunen kaum noch heraus kam. Wie ich später erfuhr, machten ihm der Zustand der Landeskirche, dem „leckgeschlagenen Supertanker" (Zitat von Präses Rekowski, einem seiner Nachfolger) und Machtkämpfe im Landes-kirchenamt arg zu schaffen.

Und am meisten steht der KIRCHE die Pfarrer-schaft wohl

(Fazit eines Gespräches mit dem kirchlich arg enttäuschten Präses der Evangelischen Kirche im Rheinland Peter Beier im Herbst 1996 - kurz vor seinem plötzlichen Herztod!)

Das beschriebene Verhältnis 80 : (15+5) - also 80 : 20 - erlebte ich zunehmend auch im sonstigen kirchlichen Raum. Ich leistete kreativen Widerstand, katapultierte mich damit aber in die Außenseiterposition und - ihr "Sahnehäubchen" - die Sündenbockrolle. Um mir selbst immer wieder klar zu werden, wo hinein ich da geraten war, begann ich in der letzten Hälfte meiner Tätigkeit meine Erfahrungen in verdichteter Form zu beschreiben. Eine Auswahl davon lege ich hier vor:

Meine Waffen gegen Blendung

Meine Waffen
sind das Schreiben, die Gitarre, die Musik! *
Nur mit ihnen erringe ich so manchen klaren Sieg.
Und am liebsten siege ich mit Dir und nicht gegen Dich.
Solche Siege will ich feiern, denn nur diese stärken mich.

Manchmal muss ich aber singen gegen Ungerechtigkeit,
gegen Gleichgültigkeit, gegen Habgier, gegen Neid.
Doch die Scheinheiligkeit ist mein allerliebster Feind,
denn ihr Wesen ist Blendung, die bejahend nur verneint.

Und am stärksten finde ich sie in der Institution,
die das Heilige verehrt auf eigenem Königsthron.
Doch das Heilige, es duldet keine Scheinheiligkeit.
Seine Helle lichtet allen bunten Nebel weit und breit.

Und so muss sich Scheinheiligkeit besonders müh`n,
uns mit angemaßter Heiligkeit in ihren Bann zu zieh`n.
Deshalb finde ich hier eine reine Goldgrube vor
für den schreibenden, den singenden satirischen Humor.

Meine Waffen sind das Schreiben, die Gitarre, die Musik.
Ich durchdring` mit ihnen manchen nebulösen Blendungskrieg.
Was mich treibt: Die Lichtung finden für ein aufrichtiges Blüh`n!
Darum werde ich mich schreibend, singend weiterhin bemüh`n!

(* IN: "Lasse Los: Seid Ihr noch zu retten?" und "Lasse Los: ...dennoch JA zum Leben sagen!" sind einige Lieder abgedruckt. In Planung ist ein Liederbuch mit den wichtigsten meiner Lieder. Voraussichtlicher Titel: "Lasse Los: ...da muss doch noch LEBEN ins Leben rein!")

Verklagt, verjagt!

Verklagt:

Der Entwirrung
heilloser Verwirrungen,
der Entstörung liebgewonnener
Verstörungen, der Entweihung
weihevoller Unterdrückung.

Verjagt:

Wegen willkürlicher Entlastung
endstabiler Belastungen
entlassen und verjagt.

R-Ausgetreten!

Hab`
mich bei Euch
rumge-
schlagen:

Theologisch un-ge-be-ten!
Wollte Eure Sichten wagen,
Blinde Flecken nieder nagen!
Habt mich dafür raus-ge-tre-ten!

Und so bin ich aus-ge-treten!
Jetzt beantwort` ich die Fragen
aller, die ganz ungebeten,
längst bei Euch zurück-
getreten.

<u>Prolog</u>

(Gestaltet nach einem Satz der Schriftstellerin Luise Rinser:
>> Wandelmutig << - nicht wankelmütig – bin ich!)

Unter
Christen gefallen!

Unter Christen gefallen!
Und den Christen gefallen!
Und den Christen missfallen!
Unter Christen?
Gefallen!

Konfessor statt
Profes-
sor

Ich wollte
kein Professor werden!
Das war mir zu viel Kopfarbeit!
Mein Zentrum wollt` ich nicht gefährden,
wollt` mich als GANZER Mensch gebärden.
Ich wollt` in allem Erdenstreit mich nur
als den Konfessor erden,
für das, was
sich in
unserer Zeit
an of-fen-ba-rer
E-wig-keit ereignet
zwischen den Beschwerden
durchlebter eigener Endlichkeit.
Solch` ein Konfessor wollt` ich werden!

Aufrichtung des Feurigen

In
Eurer
Kirche strebte ich
zum Aufgang, nicht zum Ausgang,
zum Aufbruch, nicht zum Abbruch,
zur Aufrichtung des Feurigen
und nicht nur zur
Aus-
richtung
am Eurigen!

Unbekränzt aufgegrenzt

Ihr habt mich vielfach eingegrenzt
und mit dem Eurigen bekränzt.
Deshalb hab` ich mich abgegrenzt.
Ihr habt mich dafür ausgegrenzt.
Ich hab` mich fachgerecht entgrenzt,
um unbekränzt vom Eingegrenzten
mich unbegrenzt stets auf-zu-gren-zen.

NACH
DEM AUSTRITT
AUS DER KIRCHE HABE ICH
MEINEN FRIEDEN
MIT GOTT
WIEDER
GEFUNDEN.

KONSTANTIN WECKER

LASSE LOS

ABGESANG [1]

IN

EURER

KIRCHE

SUCHTE ICH

DEN AUFGANG,

NICHT DEN AUSGANG.

DOCH SUCHTE ICH VERGEBLICH.

IHR HABT IHN MIR VERWEHRT,

DEN RANG DES IMMER

SCHON DURCHLÖSTEN.

ICH SCHENK` EUCH

NOCH DEN ABGESANG,

LASS MICH NICHT MEHR

VERTRÖSTEN. ICH NEHM`

GETROST DEN AUSGANG,

DEN IHR FÜR MEINESGLEICHEN

STETS VORGESEHEN ZUM ENTWEICHEN

AUS EU-RER AB - GE - LEB - TEN KIR-CHE.

Als
er sprach:

" Werdet Menschenfischer ! "

empfahl er da

oder

Auffangnetze?

Lasse Los

Weisheit aus dem
Nahen Osten

Jeshua
hätte vielleicht
auch gesagt haben können:

„In meinem Sinne Menschen-
Fischer zu sein, das heißt:
Menschen auffangen und
aufrichten, nicht aber
Menschen einfangen
und ausrichten,
auch nicht
an mir!"

Mein Bekenntnis

Ich be-
kenne Euch,
Ihr Christen:
Ich steh` immer
schon am Rande
Eurer Kirchen,
immer mehr
in der Ver-
suchung,
aufzu-
erste-
hen

in
die jesua-
nische Rich-
tung: In die
Aufrich-
tung!

Worum es geht!

Es
geht darum,
die Plusgestalt des Lebens
zu erschauen.
In ihr
gewinnst Du
Grund und Halt.

Auf sie kannst Du vertrauen.
In ihr kannst Du Dich aufrichten.
Mit herzgestützter Selbstentfaltung
wird sie Dich sanft durchlichten
und wird Dich neu verpflichten
zu sinngerechter Mitgestaltung
der anvertrauten Welten.

Ur-Aufrichtung

Es
richtet mich
mein Richtungs-Ich
an jeder Richtung
aus und
ein,
die sich als richtungsweisend weiß, wenn
ich mich nicht in jenem
Licht der
Ur-
Auf-
richtung
richten lasse,
vom Richtungs-
Ich   mich scheide
und jede Richtung meide,
die nicht zur Ur-Aufrichtung führt.

Gemeinte Laufrichtung

Das
Lichtende
verdich-
ten!
Auf Nebelndes verzichten!
Mich aufrichten,
nicht aus-
richten!
Das
ist die
Richtung,
die ich meine!

Richtet ihn doch aus an uns!

Es ist gut, dass ich mich dem entziehe,
was Ihr mir als SELBST-Missbrauch serviert.
Euere hochgepriesevne klerikahle Brühe
hab` ich lang` genug getestet und probiert.

In ihr hab` ich es nicht aufgefunden,
was dem Nazarener ihr verdankt.
Immer, wenn ich bei ihm aufgetankt,
wurde ich von Euerem-Gott entbunden.

Wer dem Nazarener folgt, bleibt einsam,
richtet er sich auf in Plus - Gestalt!
Welt und Kirche schreien dann gemeinsam:

Richtet ihn mit dem, was immer galt!
Richtet ihn doch aus an uns!
Wenn es sein muss,
mit Gewalt!

Aufgerichtet bin ich frei

Ich hab`s probiert mit Eurem Glauben
und seinen eigenen Heilsversprechen.
Doch wollte er mir nicht erlauben,
mit allem Ir-ri-gen zu brechen.

Er predigt uns die Aufrichtung der
Menschen in der Plusgestalt und
fordert dann die Ausrichtung
an seinem gnaden-
vollen
Halt.

Doch auf-
gerichtet bin ich frei
von jeder Form der Ausrichtung!

Auflichtung

Auf
richtender Lichtung
durchlichtende Richtung
als Aufrichtung nicht
als Ausrich-
tung,
Ein-
richtung,
Ablichtung!

QUERWEG als Kreuzweg

Es stellt sich Deinem Lebensweg
ein QUER-WEG in den Weg,
durchkreuzt Dir Deine Planung,
erschreckt Dich mit der Ahnung,

DIR sei ein and`rer Weg bestimmt,
der Dir den Ego-Masten krümmt,
Dich im UREIG`NEN aufrichtet und
Dir DEIN-LEBEN neu durchlichtet.

Was Dir bevorsteht, ist ein Kreuzweg,
Durch-le-ben der Kreuz-Plus-Gestalt.
Der Durchgang hin zur Auferstehung
auf jenem schmalen PFAD INS LEBEN.

Leben aus dem P L U S *

Ich weigere mich, Probleme zu erzeugen,
für die ich dann nach Lösung suchen muss,
will ich mich ihrem Druckausgleich nicht beugen.
Ich find` mich vor im LEBEN aus dem PLUS.

Ich weigere mich, die Spannungen zu fliehen,
die aus ge-kreuz-ten Ge-gen-sät-zen sprießen.
Der Plusgestalt will ich mich nicht entziehen.
Ich möchte ihren Plus-Fluss mit genießen.

Verweigere, mich ausrichten zu lassen
an den stets fest geglaubten
Heilsversprechen.
BIN MIR BEWUSST,
mein EGO muss erst brechen,
bevor ICH in der Lage bin zu fassen,
was nur in meiner Aufrichtung erscheint
und mich mit sich und so mit allem vereint.

*(*IN: Lasse Los: R-AUSGEFLOGEN ein KERNTRAUM zum Thema)*

BIBEL? - WIRTLICH oder wörtlich?

Bibelinterpretation

Die BIBEL nicht wörtlich sondern wirtlich nehmen!

Lasse Los

(Siehe dazu im Anhang: Brief an einen guten Freund aus der Studentenzeit: Schilderung einer Gipfelerfahrung bei der Geburt meines ältesten Sohnes mit biblischer Interpretation)

Wer die Bibel wörtlich nimmt, der nimmt sie nicht ernst!

(Progressive Theologenweisheit)

Gegen die Bibliolatrie

Die
Worte, die
auf das
Göttliche weisen, sind Worte,
die auf das Göttliche
weisen, doch
sind sie
als Worte nicht
göttlich zu preisen!

Fingerzeig[2]

Der Finger ist es nicht,
der auf den Mond verweist,
auch wenn des Mondes Licht
am Fingernagel gleißt.

Du sollst Dir nicht erlauben,
ans Nagelbett zu glauben,
auch wenn des Mondes Licht
im Nagelhorn sich bricht.

Erhebe Deinen Blick
und folg` dem Fingerzeig.
Tauch` in die Nacht und schweig`.

So findest Du das Glück,
den Mond direkt zu sehen,
in seinem Licht zu stehen.

Doch was am Mond besticht
ist nur geliehenes Licht
von stets umkreister Sonne.

Es ist schon eine Wonne,
bei hellem Mondenschein
auch mitten in der Nacht
im Sonnenlicht zu sein.

Schlüssel-Dienst [3]

Der
Schlüs-
sel,
der
den
Raum
er-
schließt,
ist
nicht
der
Raum,
doch
ruht der Raum
in   ihm   erschlossen
als angetraute Möglichkeit.

Wenn Dich der Raum beleben
soll,
dann folge seinem Schlüsseldienst.
Zu jenem Raum erschließt er Dir
den Zugang jetzt.

Gleichniszersetzung

Wer Gleichnisse mit Gleichungen

ganz ohne Unterscheidungen

nur einfach gleichsetzt,

der zersetzt sie gleichzeitig.

Sie wesen dann nur weiter noch

in geistzerpickten Kümmerformen

mit angleichenden Gleichungsnormen.

Brackiges Bestreben

Hört endlich auf mit dem Versuch,
nur Leichen wieder zu beleben.

Die Bibel ist kein Totenbuch,
durchkreuzt das brackige
Bestreben.

Die alten
Teiche trocknen aus,
versumpfen und verlanden.

Es dunkelt schon im Leichenschauhaus!
Habt Ihr es denn noch nicht verstanden?

Verbuchte Wahrheit

Wahrheitssplitter finden sich
manchmal ein im Lebensringen,
leuchten auf - blitz-ar-tig -
tönen durch und verklingen.

Und ihr Nachhall treibt uns um,
sie behutsam aufzusuchen,
ihre Wahrheit zu verbuchen,
denn sonst bleibt sie für uns stumm.

Doch verbuchte Wahrheit ist
in Gefahr, sich zu genügen
und den Leser zu betrügen,
der sie sucht im Lebenszwist.

Denn die Buch - Gläubigkeit,
sie zertrennt im Wahrheitsstreit,
hält die eigenen Wahrheitssplitter
im zer-strei-ten-den Ge-wit-ter
für die Eine-Ganze-Wahrheit.

Sich im Zeigen übersteigen

Was Ihr so glaubt, ist ILLUSION,
wenn Ihr es für die WAHRHEIT haltet!

Doch wenn Ihr schaut, was in ihm waltet,
vielfache ILLUMINATION
von dem
was ohne Farbe ist,
prismatisch buntgefärbt,
dann werdet Ihr sogleich enterbt
von falschem Glaubenszwist.

Das Prisma bricht
das EINE - LICHT
in die spektrale Farbigkeit.

Wer aber Farben glaubt, ist weit
entfernt von FREIER - SICHT,
in der sich Licht in Farben zeigt,
doch alle Farben übersteigt!

Ver-**Hören**

Die
Befreiung
verstopfter Ohren vom
verunreinigten Ohrenschmalz
ist Voraussetzung für die Freiheit
des sich voll entfaltenden Hörens,
nicht aber diese Freiheit
selbst.
Wer das
Reinigungs-
Hörerlebnis für das
höchste Hörergebnis hält,
endet im tragischem Ver-hö-ren.

Seitdem

Seitdem
ich nicht mehr warte
auf das, was Ihr sonntäglich
mit Vehemenz verkündet vor
schrumpfender Zuhörerschaft,

seitdem ich nicht mehr wörtlich
nehme, was Ihr doch wörtlich meint
in Euerem Gepredige und man-
cherlei Ermahnungen,

seitdem ich nun gewahre,
wie ich die Bibel lesen soll,
nicht wörtlich, um sie somit
noch wirklich ernst zu nehmen,

seitdem ich nun gestrandet bin,
Euch EUER WORT zu glauben,
kann ich mir auch erlauben, Euch
als die Menschen, die Ihr seid
in Euren Wieder-Sprüchen,
in Euren Lebens-Brüchen,
gelassener ernst zu nehmen.

Es
mundet
aus allen Gefäßen

Das Wasser des Lebens

mundet aus allen Gefäßen,

nicht nur aus jenen alten,

mürben Schläuchen.

Zeit-
gemäße Mythos-
In-
tegra-
tion

Nimmst Du
den Mythos wörtlich
und hältst ihn für historisch
und glaubst an ihn als Faktum,
wirst Du verlacht und er wird Dir
schon bald von Zeitgenossen
entmythologisiert.

Nimmst
Du ihn aber wirtlich,
symbolisch, nicht historisch,
wird er Dich seelisch nähren,
als Mythos sich bewähren
und so von Zeitgenossen
als Mythos integriert.

Mythosmissbrauch

Der Missbrauch
des Mythos, des heilenden Mythos,
im Wörtlich-Genommen verwechselt das Licht
mit dem Farbtransparent. Nur wer mit Bewusstheit
im Mythos geschwommen, erlebt ihn als
heilsames Bade-
Präsent.

Im Missbrauch
verkommen, verkümmert der Glauben,
auch wenn doch sein Mythos vor Heil überquillt.
Vom Missbrauch benommen, kann er nicht erlauben,
was einzig den GEIST-Hunger jetzthier noch stillt:
Des Mythos heilsame Geistin!

Spektrumswahrheit *

Wenn
Du   Dir
Deinen
Eige-
nen-Weg zum EINEN - WEG
zur Wahrheit
machst,
ach,
welchen
Weg wählst
Du Dir dann?

Im Spektrum aller Lichtfarben
führt jeder Farbenweg zum Licht.

Doch nur in aller Farbenpracht
hat sich das ganze reine Licht
in Farbigkeiten inkarniert und
so zum GANZEN-LICHT gekürt.

*(*Siehe dazu auch: „In allen Farben singen"
Music-Textival - IN: „Lasse Los: Seid Ihr
noch zu retten?" - siehe Anmerkungen)*

Wiederbelebung

Die
Auferstehung
von den Toten
ist
keine
Wie-der-
be-le-bung
von Leichen!

<u>CHRISTSEIN oder Christeln?</u>

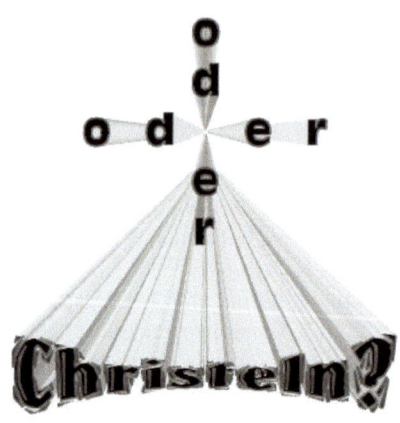

Christsein als
Nachfolge
Jesu

W
W E G
G

Weg zum Original!

Weg von der Kopie!

Christeln

Die
meisten
Christen,
die ich kenne,
sind keine Christen!
Sie christeln nur auf jener
Justus - Krustus - Spur
der Kirchlich-Selbst-
geraechten!

Bekenntnis

In
der Weise,
in der Jeshua kein
Christ
war,
bin ich
kein Christ.

Heilsbotschaft

Und gelehrt und verehrt,
mit ihr Feinde abgewehrt
und so ihren Ruhm gemehrt,
gar ins Gegenteil verkehrt
und so ihren Ruf versehrt,
ist sie äußerst wendig!
Allein gelebt ist
sie lebendig!

Wohlstands-Christen

Im
Westen,
unsere
Wohlstands-Christen,
sie
sind
besondere
Konsumisten.

Sie konsumieren ihren Teil
vom allgemeinen Wohlstand,
dazu auch noch das Seelenheil
von ihrem "auferstandenen Heiland".
Und dieses auch noch gratis!

Kirchensprengel

Sie
geizen mit dem
Geist des Nazareners,
weil der wohl
ihre
Kirche
sprengen würde.

Klerikahle Christenei

Die
kle-ri-kah-le
Christe-
nei,

sie kreuzigt den
geglaubten HERRN erneut:
In der Ver -   göt - te - rei!
Nun, dies ist ja ihr Wesenskern!

So wird die Botschaft übertönt,
bis man in selbstgewählter Haft
sich an die Unfreiheit gewöhnt,
die ihr Geglaube neu erschafft.

Nur noch sonntägliches
Schmuck-
stück!

Ich
will   kein
Sün-
den-
bock mehr sein
in Euerem Klerikahlverein,
und werd` es trotzdem bleiben.
Denn Ihr wollt` Euch nicht reiben
an der geglaubten Kreuz-Gestalt
der Welt und auch des Lebens.
Ihr sucht Euch einen falschen Halt
in Projektion. Es ist vergebens,
zu hoffen, dass es anders wird.
Da Ihr nicht Busse tuen wollt,
bleibt der geglaubte Seelenhirt,
dem Ihr doch Eure Achtung zollt,
nur noch ein sonntägliches Schmuck-
stück für Euer kirchlich-bürgerliches
Glück!

Postmoderne Christen

Sie, die manchmal vorgeben,
noch zu ihm zu halten,
sie verhalten sich
zu ihm nur
noch
sehr
verhalten.
Seine Worte, seine
Taten und sein Walten,
sie verhallten auch bei ihnen
den Verhältnissen entsprechend,
ver-hält-nis-mäs-sig un-er- hört.

Lebt es doch einfach vor![4]

Lebt uns die Bergpredigt vor
im heit`ren Glauben an den Gott,
dem Ihr am Sonntag leiht das Ohr,
vielleicht auch `mal im Alltagstrott.
Wir werden Euch dann schon vertrauen,
wenn Ihr die Nächstenliebe lebt,
und sicherlich auch darauf schauen,
woraus Ihr solch` ein
Leben webt.
Doch
lasst in Ruh`
uns mit den Phrasen,
in denen Ihr Euch gläubig zeigt!
Tragt nicht zu hoch die Christennasen,
sonst habt Ihr bald bei uns vergeigt!

Wahrer Christ?[5]

Wenn einer tönt, er sei ein Christ,
dann prüfe ihn, ob er es ist.
Und lausche hin, wie er so klingt,
wenn er nicht seine Tönung singt.

Klerikahles Eisleben

Die Muffigkeit in den Gesichtern,
auch wenn die Fratze freundlich ist:
Wie Kle-ri-kah-les doch zerfrisst
mit seiner Kraft zu irrlichtern!

Die Feigheit vor dem offenem Wort,
getarnt als Menschenfreundlichkeit.
Die Flucht aus nicht durchlebtem Leid
in klerikahlen Kuschelhort.

Die Zähigkeit, an Glaubenssätzen
auch dann noch zwanghaft festzuhalten,
wenn sie das Leben mehrfach spalten
und geistig sich schon längst zersetzen.

Und die Empörung, wenn man wagt
auf all` das sachlich hinzuweisen.
Wer Kle-ri-kah-les hinterfragt,
den straft urplötzliches Vereisen
im klerikahlen Eisleben.

Allein die Liebe zählt!

Allein die Liebe zählt,
weil sie nicht zählt und misst
und nur das Eine wählt,
was sie im Wesen ist.

Allein die Liebe zählt in aller Lebensfrist.
Und wenn die sich ins Ende quält,
zuletzt nicht mehr zu halten ist,
gilt unter diesem Sterbejoch,
was immer galt, wenn
nichts mehr galt:

Allein die Liebe zählt!

ECCLESIA oder Ekelesia?

**Das
Kreuz
mit der Kirche**

**Du würdest doch keinem
Gefrierschrank
glauben,
der Dir
den Wert
der Wärme
verkündet!**

(Ge)Kirche

Und um es gleich vorweg zu sagen:
Ich hab` bei Kirche manchmal schon,
zu selten zwar,   doch immerhin,
die Keime des durchlösten Lebens,
das in ihr ja gepredigt wird,
in mir und auch im Miteinander
mit anderen gespürt.
Doch wurden
sie zu
voreilig
von dem,
was
ich
„Gekirche"
nenne, geknickt,
gekappt, zertreten, und
konnten sich so nicht entfalten
zu dem geglaubten Baum des Lebens.

Wohin des Weges? [6]

Hör` auf, uns von der Kirche vorzuschwärmen!
Sie hat sich längst verpuppt und stirbt schon ab.
In ihr kann man sich geistlich kaum noch wärmen.
Verfangen im Vergangen macht sie schlapp.

Vielleicht ist sie ja dazu auserkoren,
in Wandlungen erneuert zu ersteh`n?
Vielleicht wird ihr der Schmetterling
geboren im unvorhersehbaren Geistesweh`n?

Doch wird ihr dieses wohl nur widerfahren,
wenn sie sich nicht im Puppigen verkrallt
und trotzig im Tradierten nur verhallt,
nicht fähig, im Offenbaren neu zu garen.

Lässt sie nicht radikal sich transformieren,
wird sie sich in den Un-ter-gang verführen.
Sie ist schon auf dem besten Weg dahin!

Aus₍₋₎machen

Wenn Kirche nicht mehr
das lebt, was sie ausmacht,
erlebt sie bald schon das,
was sie ausmacht. Ob ihr
das aber dann noch
etwas aus-
macht,
ist
of-
fen
sicht-
lich noch
nicht ausgemacht.

Denn noch?

Bin ich in Eurer Kirche angekommen,
empfängt mich ein beklemmender Geruch.
Ein Alterndes verduftet sich verschwommen.
Ich frage mich, was ich hier den(n) noch such`.

Ich lausch` den Orgelklängen: Ihnen kann ich
trauen, hör` Eure mir so fremde Liturgie.
Als Ausdruck glaubensverfärbter Fantasie
kann ich die Texte Eurer Lieder kaum verdauen.

Der Predigt folg` ich häufig nur beklommen,
weil sie doch Meist-Schon-Überlebtes intoniert.
Warum nur bin ich bloß hierher gekommen?
Was hat mich denn in Eure Kirche geführt?

Die Frage stellt sich mir schon lange nicht mehr,
ich habe aufgegeben, sie weiterhin zu fragen.
Seitdem ich mir den Gang in Eure Kirche verwehr`,
brauch` ich mir die Antwort nicht mehr einzuklagen.

Was ich bei Euch gesucht, hab` ich woanders gefunden:
Trotz alledem ein Leben in Kreuz - Plus - Gestalt!
Befreit von Eurer Kirche, zieh` ich jetzt meine Runden.
Ein aufrichtendes Dennoch gibt mir den neuen Halt.

VERKALKTE KIRCHLEICHKEIT

I c h aber b i n nicht mehr bereit,
Eure VERKALKTE KIRCHLEICHKEIT
weiter mit zu preisen und
darin zu vereisen.

I c h aber b i n nicht mehr bereit,
Eure VERKALKTE KIRCHLEICHKEIT
noch weiterhin zu loben und
mich darin zu erproben.

I c h aber b i n nicht mehr bereit,
Eure VERKALKTE KIRCHLEICHKEIT
weiter mit zu tragen:
I c h will mich menschwärts weiter wagen!

Morsche Selbsterkaltung

Je-
dem,
der sich
echt und
ehrlich
dieser morschen Kirche stellt,
wird sie zunehmend
entbehrlich.
Denn ihr
Bei-
trag für die
Welt ist zersetzt
von Selbst-Erkaltung
der meist überlebten Sichten.

Ihre schiefe Selbsterhaltung wird
geschichtlich sie schon richten!
Ü-ber-win-det sie die Spal-tung,
die von allem URSPRUNG trennt,
blüht vielleicht noch Selbstentfal-
tung, in der sie sich nicht verrennt,
triumph-fahl im Wahrheitswahn.

Klerikahl verseuchte Prägung

Die Jahre
der Entwürdigung,
die ich bei Euch erlebte,
die klerikahl verseuchte Prägung,
der ich stets trot-zig wi-der-streb-te,
sie haben   müde   mich   gemacht.

Ich hab mich bei Euch wund gerieben!
Mein Engagement habt Ihr verlacht
und nur ins Abseits mich getrieben.
Ich glaube jetzt, dass das Geglaube,
an dem Ihr hängt, das Euch verbiegt,
verwandt ist mit dem Seelenraube,
dem Ihr alltäglich unterliegt.

Denn würdet Ihr
leibhaftig glauben, was
Euch der MEISTER auf-
gegeben, dann würdet Ihr Euch
nicht erlauben, so klerikahl entlaubt
zu leben, verborgen unter Kirchenhauben.

Wenn es drauf ankommt

- wenn es drauf ankommt -
Zu wissen, dass Du
in dieser Kirche
- wenn es drauf ankommt -
gelassen fallen
gelassen wirst,
- wenn es drauf ankommt -
und Dich nicht
fallen lassen darfst!
- wenn es drauf ankommt -
Wie tröstlich ist das
eigentlich ?!?
- wenn es drauf ankommt -

Mueffelnd

Und
wenn sie
den Kirchenmief
als Reich-Gottes-Duft anpreisen,
hängen sie im Segen schief, auch wenn sie
D E N - H E R R N
verspeisen,
abendmahlig
kirchenstiftend, im
Gebrüderlichen driftend
ins geglaubte Gottesreich,
mueffelnd zwar, doch kuschelweich.

Ökumenisches Gesäusel

Ökumenisches Gesäusel, die
Geschwisterschaft im HERRN,
intoniert man trotz Gekräusel
im Dogmatischen stets gern.

Und verniedlicht Artefakte:
Das un-fehl-ba-re Dogma
als die Kirchentrennungsakte
macht es sichtlich offenbar:

Dass nur Eine-KIRCHE ist,
die Katholische! Der Zwist,
der dort un-über-brück-bar
nistet, wird nur überbrückt,
in dem man sich mit dem So-tun-
als-ob-da-gar-nichts-wär` beglückt.

Ach, was für ein Selbstbetrug
bei den kirchlich Säuselnden!
Davon hab` ich längst genug!

Kirche ... ehren?

Ihr haltet Kirche noch in Ehren? Doch
wo versucht sie Euch zu nähren
und Euren Lebenssinn zu mehren?

Sie will vor allem Euch belehren,
das VOLLE LEBEN abzuwehren,
zum IHRIGEN Euch hin zu kehren
und vom Tradierten nur zu zehren,
von dem das Meiste durch Verjähren
ein Dasein fristet, hohl im Leeren, im
Geistig - Überlebt - Verqueren, mit
aufgepfropften Glaubensscheren,
die alles Fremde Euch verwehren
und dies in Schneidewut versehren.

Ich kann dies` alles längst entbehren!
Nun hört schon auf, Euch zu beschweren!
IHR HALLTET KIRCHE DOCH IN EHREN!

Errettung

Aus kirchlich
kaltgepressten Engen
errettet mich nur Schüttelfrost!
Das Fieber muss mich fast versengen!
Erbrechen muss ich ihre Kost!

Denn die Gerichte sind verdorben!
Nur die Rezepte stimmen noch,
für die ich lange mit geworben.

Doch unterliegen sie dem Joch
der kirchlich kaltgepressten Engen,
die das Genießbare bedrängen,
bis dieses ungenießbar ist!

Im kirchlichen Tendenzbetrieb

Wer hinter die Kulissen schaut
im kirchlichen Tendenzbetrieb,
ist oft erschrocken, ja ihm graut
vor solch` einem Humanabrieb.

Gespaltenheit ist wohl das Wort,
das diese Lage klar umschreibt
im jeweiligen Kirchenhort,
in dem ihr Unwesen
sie treibt.

Das Paradox
von Licht und Schatten
und seiner integralen Mitte,
in der sich beide stets begatten,
zertrennt man strikt und diese
Schnitte zerspalten das vereinte
Plus, die transduale Kreuz-
struktur, ins harte Minus
mal Minus.

Als Folge
lebt man doppelstur
auf jeweils der konträren Spur
im offenbaren Gut-Mensch-Sein
und im geheimen Schattensch₋ein.
Wer hinter die Kulissen schaut
im kirchlichen Tendenzbetrieb
ist davon wahrlich nicht erbaut,
vom zwanghaften Humanabrieb!

Im Korsett der Kirche?

DER BEFREITE
CHRISTENMENSCH?
Im Korsett der Kirche?

Im ausgefleischten Kirchentrend

Erst wird
der Wille Dir gebrochen:
Du wirst zum Sünder degradiert!
Dann wird das Heil Dir zugesprochen,
das mann in SEINEM-WORT mitführt!
Die Gnade wird Dir nun geschenkt,
Dich als Ge-broch`-ner aufzurichten
an ihren Krücken, die verpflichten zu
allem, was DICH-SELBST verdrängt.
Gebrochen und von DIR getrennt,
suchst Du nun Schutz in ihrem
Glauben. So wirst Du selbst
DICH nur berauben im
ausgefleischten
Kirchen-
trend.

Die
Rettung, die sie
Dir versprechen, kommt
nicht von ihrem Kirchengott.
Du musst mit ihnen einfach
brechen, sonst gehst Du ein
im Kirchentrott als Kir-
chentrottel!

Blass-wie-nie-
Blasphe-
mie

Ach,
die
Kirche, blass-wie-nie,
IST
in sich
sich schon
Blasphemie!

Vollwert-Geistlich

Auf
Halleluja-Magerquark,
den uns die Kirchen noch gewähren,
verzichten wir, er ist zu karg,
im Vollwert-Geist uns
zu ernähren.
Die
schmale
Kost der Kirchenzunft,
gewürzt mit alterndem Geglaube,
ist schal und unterliegt in Zukunft
als bald verwehte Spur
im Staube.

Wie lange noch?

Das Schiff, das sich Gemeinde nennt,
versinkt ganz still im Zeitenfluss.
Sein Untergang ist evident!
Ob man es nicht noch retten muss?

Wie soll man denn ein Schiff bloß retten,
dass morsch ist und noch obendrein
manch` überlebte Lasten trägt,
für die das morsche Schiff zu klein.

Willst Du den Untergang verhindern
und forderst die Besatzung auf,
die Altlast schleunigst zu vermindern,
berufen sie sich auf den Lauf

der eigenen „Steh`-auf-Geschichte",
trotz mancher Stürme, mancher Fluten
und mancher göttlichen Gerichte.
Drum braucht man sich auch nicht zu sputen!

Man glaubt, man wird nicht untergeh`n,
trotz eingestandener Gefahren!
Die Zukunft wird man schon besteh`n!
Nun, sie wird es ja offenbaren!

Sterbende Kirche

Eine Frau, Anfang Sechzig,
klagte mir am Telefon:
Im normalen Gottesdienst
bin ich fast die Jüngste!

Und ich denk` an die Vision,
die mich einst beim Kirchentag
in Berlin im Wendejahr
ohne Warnung überfiel:

Kirche als ein sterbender
alter Mann, dem ab und zu
durch ein Kirchentags-Event
junges Frischblut zugeführt wird,
ohne dass er davon noch aufersteht,
dem Todesjoch noch einmal entgeht.

Wieviel Stück?

Toten-
sonntag vor
der Tür. Es ist
Dienstbespre-
chung.
Meint der eine Pfarrer: „Dies` Jahr war`n es an
die neunzig Tote." Meint der andere
Pfarrer: „Dies` Jahr war`s
besonders arg."
Meint der
eine Pfarrer:
„Sonst war`n es
doch meistens nur
etwa siebzig Stück."

Denk` ich bei mir: „Wenn Du jetzt stirbst,
bist Du nur ein Stück mehr auf ihrer Liste.
Vielleicht jedoch bin ich für sie
ja jetzt schon nur ein Stück
auf ihrer Piste."

In Wahrheit...

Ihr haltet sie mir vor, die ganze Wahrheit!
Ich weiß jedoch, Ihr wollt sie selbst nicht hören!
Ihr kuschelt Euch ins sanfte Selbstbetören,
verbaut Euch neblig-stark den Weg zur Klarheit.

Ihr wollt nur hören, wozu Ihr Euch bekennt:
Vertraute Klänge, die Euch nicht verstören.
Ihr singt es immer wieder in den Chören,
was Ihr-Als-Wahrheit-Euer-
Eigen nennt.

Sie dient Euch nur als Schmuck beim Funktionieren,
als Kleidchen des Erhabenen, das Euch ziert.
Wenn Ihr sie braucht, dann wird sie zelebriert.

Ansonsten stört sie Beim-Geschäfte-Führen!
Die Läuterung, die wollt Ihr Euch ersparen und
Eure Selbstsucht in Wahrheit Euch bewahren!

Allseits Keule

In

der

WELT KIRCHE

herrscht

die

MORAL KEULE

DER DER

KEULE MORAL

Kirchenaustritts-Begründung

Wir brauchen solche Hirten nicht!
Wir sind doch nicht
belämmert!

Christen-Krustig

Christen-
Krustiges Gekrache!
Krampf-Gekreisch im Kirchenghetto!
Und man meint, was man entfache,
lohne sich doch für die Sache!
Was bleibt unterm Strich
als Netto? Weiter
schrumpft das
Kirchen-
Ghet-
to!

Neuer Ton

Und
denk` ich
`mal an Religion,
fällt mir sogleich
die Kirche
ein.
Es regt sich in mir Spott und Hohn,
denn dieser Klerikahlverein auf seinem
angemaßten Thron, erzeugt nur unnötige
Pein und Leiden für den Gotteslohn.
Gekreuzigt an Dein Sündersein
erlöst Dich nur der
Gottessohn!
Wer
dieses
glaubt, ist
kirchenrein!
Doch sage mir,
wer glaubt das schon?!
Wir brauchen einen neuen Ton
beim Feiern heut` von Brot und Wein.

Hinter den vergrinsten Mienen

Ach, heut` steht man in der Zeitung:
Bild mit grinsenden Gesichtern!
Die gesamte Kirchen-Leitung
vor den Öffentlichkeitsrichtern!

Im Bericht nur Floskelbrei
über manches wichtige,
meistens aber nichtige
Tagesordnungs-Allerlei!

Hinter den vergrinsten Mienen
lauert Kirch-Gefrässigkeit.
Und ihr gnadenlos zu dienen,
ist man jederzeit bereit!

Heute steht es in der Zeitung:
Bild mit grinsenden Gesichtern!
Die gesamte Kirchen-Leitung
vor den Öffentlichkeitsrichtern!

Kirchengleichnis

Die
Krücke ist
da für den   Menschen,
damit   er sich
mit   ihr
aufrichtet,
nicht aber ist
der Mensch da
für die Krücke
um sich an ihr
auszurichten,
damit sie ihn,
nur an ihr
ausge-
richtet,
aufrichtet!

Als faulig angeklagt [7]

Wer   einen faulen   Apfel,

der als   besonders   ausgereift

von allen   angepriesen   wird

als einen   faulen   offenbart,

wird   selbst als   faulig

angeklagt.

Dran glauben

Wenn nur noch die,
die wirklich dran glauben,
ihre Kirche finanziell unterstützten,
müsste diese bald schon dran glauben.

Rollator Kirchensteuer

Ohne den Rollator Kirchensteuer
wäre die schwankende Mutter Kirche
längst schon gestürzt!

Kirchen-
Aus✝ri✝✝

Der Auszug aus der Kirche:
Der Weg aus dem Exil,
das
sich   als
H e i m a t
preist.

LEBENSKEHRE

Kirchenleere
weist ins Ende
überholter Kirchenlehre.
Es sei denn, man wagt die Wende
und riskiert die L E B E N S K E H R E :
Schneide(r)t mit der LEBENsschere
überlebte Zöpfe nieder und
befreit die Herzenslust aus
verengtem Kirchenmieder,
tönt aus atemfreier Brust
aufrichtende Kirchenlieder,
die vom LEBENsheile singen
und nach Lebensheilung klingen.

Wohin soll`n dann die Frauen steuern?

Weil
grundlegend
sich nichts gewandelt,
hat sich die Sache noch verschärft:
Der GEIST wird
zunehmend
ver-
schandelt
auf kirchlich-
klerikahler Werft.

Das Schiff, bedrohlich leckgeschlagen von
eigener Besserwisserei im Strudel aller Zeitenplagen,
wann macht Ihr`s flott,   wann gebt Ihr`s frei?

Das Schiff muss mann wohl runderneuern,
sonst wird es bald schon sinken und
Mann und Maus ertrinken!
Wohin soll`n dann die
Frauen steuern?

Gutbürgerliche Kirche

Und
feiern immer
wieder
das Sakrament des Miteinanders
und können deshalb
beieinander
bleiben
und müssen
nicht miteinander sein.

MEIN

WEG BEI

KIRCHENS

MICH EUCH

ANGESCHLOSSEN

MICH BEI EUCH

VERSCHLISSEN

VON

EUCH ANGESCHOSSEN

MICH VOR EUCH VERSCHLOSSEN

BALD BEI EUCH VERSCHISSEN

VON EUCH ABGESCHOSSEN

BEI EUCH AUSGESCHLOSSEN

Auf fremden Spuren

In
Euerem
Klerikahlverein wird
der als Dissident gehandelt,
der auf Euch fremden
Spuren wandelt,
u m   s o
w i e
J e s u s
M e n s c h
z u   s e i n!

Kein Thema mehr?!

Die
Kirche
ist kein Thema mehr!
Sie ist ein sterbendes Relikt
vergangener Gezeiten.
Nur
wenn sie
wieder aufersteht
nach   Sterben,   Tod,
Transformation,
ist sie ein
Thema
mehr
!!!!
!!!
!!
!

FROMM oder frömmelnd?

Fromme Aechtung

Die Frommen Aechten

die

echten

Frommen

Lasse Los

Auf den Hund gekommen?

Seinen hinweisenden Finger auf
den Fleischteller im Zwinger
missverstand der treue Hund
eines alten Jägers und
biss ihm freudig in
denselben hageren,
vom Rauchen gelben,
denn er hielt in Hundesicht
diesen für das Fleischgericht.

Geht es nicht so manchen Frommen
ebenso mit ihrem Glauben?
Missverstehen sie ihn,
verschrauben sie sich,
von sich eingenommen,
unter engen Glaubenshauben.
Sind sie auf den Hund gekommen?

Frömmelei erbringt es nicht!

Wenn Dir die Frömmelmaske bricht,
zeigt sich Dein INBILD im Gesicht.
Und frei von frommer Maske, schlicht,
stellst Du Dich nun dem SELBSTgericht.

Du bist nicht mehr darauf erpicht,
Dich vorzuführ`n als Schwergewicht.
Du leistest endlich den Verzicht
auf jede fromme Masken-Pflicht.

Erholst Dein holdes ANGESICHT
nun maskenfrei, Schicht um Schicht,
in Deines Glaubens Heilungslicht.
Was ist das Fazit vom Gedicht?

Die Frömmelei erbringt es nicht!
Es sei denn nur als Maskensicht,
die Dich doch irgendwann anficht
und Dich im Schleichgang mürbe sticht.

Frömmigkeit
pur?

Was
für eine
Frömmigkeit!

Du bist allezeit bereit,
in sakralen Riten Dich
selbst zu pflegen, zu vertiefen.

Hast Du deshalb keine Zeit,
Deinen auf den Tod erkrankten
Schwager manchmal zu besuchen?

Was zählt solche Frömmigkeit
jenseits von Barmherzigkeit?

Frommenflotte

Die Frommen sind im Fall des Falles
mir stets im Denken viel zu flott.
Denn sie begründen meist fast alles,
mir viel zu voreilig mit „Gott".

Das liegt in ihrem Fall des Falles
am Sprachjargon, am frommen Trott,
der sie beschützt, beschirmt und alles
im Sprechen, Denken, Glauben für
sie ausrichtet auf „Ihren-Gott".

Damit es nicht verkommt!

Ich habe sie durchschritten,
die Nacht des Fromm-
Genormten.

Ich hab`
genug gelitten am
Gläubig-Nur-Verformten.

Es hat in mir gestritten,
was echtseits in
mir frommt.

Es hat
mich zugeritten,
damit es nicht verkommt
im Frömmelnden-Verhornten
des   Gläubig - Angespornten.

Gebet für trotzig-treue Fromme

Ach
Gott, warum
verlässt Du sie denn nicht!
Sie wollen doch nur Ruhe vor Dir haben
und obendrein noch einen braven Nachwuchs,
der mit auf eingefahrenen Gleisen zieht und
seinerseits den Dienst an Dir ver-sieht.

Hilf ihnen doch! Beschenke
sie mit jener Ruhelosigkeit,
die die gelobten Fesseln sprengt
und aus dem Kirchenschlaf befreit!
Ich glaube, es ist höchste Zeit!

Konfessionelle Schnabel-Tassen

Das Wasser des Lebens reichen sie nur
in konfessionellen Schnabel-Tassen.
Die Gläubigen halten sie auf der Spur
der altehrwürdigen Glaubenstrassen.

Und bietet man diesen das Wasser
des Lebens in freierer Form im
Becher dar, bemüht man sich
wohl bei ihnen vergebens.

Sie trinken
dies Wasser ganz offenbar -
und dies ist heute kaum noch zu fassen -
nur aus den gereichten Schnabel-Tassen.

Religiöse Gier

Miefig, muffig, klerikahl!
Störungen im Genital!
Um das Evangelium drückt
man sich geschickt herum!

Theologisch überhöht,
kirchensuggestiv verdreht,
heiligt man nur kalte Asche!
Das ist klerikahle Masche!

In liturgischer Manier frömmelt
man, dass es mich friert!

Religiöse Gier gebiert Durst
nach transzendentem Bier,
um beim täglichen Verschnaufen
sich an diesem zu besaufen!

Stramm-Fromm!

Trittst
Deinen Hund
und schlägst die Frau mit
Worten nieder und glaubst an Gott!

An welchen denn, wenn Du die Kinder
gnadenlos und unbarmherzig unterweist
in Deiner Lebensführung und sie vereist
mit Deinem triumph-fahlen Glauben.
Ich bitte Dich, hör auf, von Deinem
menschenzugewandten Gott
zu reden, bevor Du nicht
dem Hund, der Frau,
den Kindern men-
schenwürdiger
begegnest.

(Für
Gisbert
Hodenbrandt,
so fromm wie er ist
keiner dort im Hinterland!)

Wie fromm?

Im
Geleit des Lammes:
Lamm-fromm!

In De-Mut erlahmend:
Lahm-fromm!

Im Stechschritt des Strammen:
Stramm-fromm!

Selbstgericht

Im

So-tun-als-ob

erdichtet er mit feierlicher Miene

das, wonach er sich nicht

richtet, und das

darum ihn auch richtet

auf der alltäglichen Schiene.

Zur Pfarrerwahl

Als
Gutdressierte wünschen sie
sich den Dompteur,
der
zureitet,
und nicht den
Hirten, der begleitet.

Tragik des Ihrigen

Die
Ihrigen
machen Dich
zum Irrigen, nimmst Du
das Ihrige zu ernst,
so wie sie es
doch pro-
klamie-
ren!

Voreilige Verheilandung

Die
Verführung
durch die Sehnsucht
nach der vorzeitigen Ruhe
führt zur voreiligen
Verheilandung
und damit
meistens zur
geistigen Versandung.

Durchkreuzt

Sie haben ihn
ans Kreuz geschlagen,
weil sie in ihrer Christenei
sich nicht in seine Weite wagen
aus ihres Gottes Einheits-Drei.
Weil er die Einheit anders denkt
als transduale Wirklichkeit
und sich nicht christlich
mitverrenkt
in
Mustern
überlebter Zeit,
wird
er bei ihnen ausgeeitert.
Denn wer sich weiter wagt wie
er, der ist bei ihnen stets gescheitert!
Den sticht am Kreuz der Todesspeer
des Ihrig-Irrigen. Und wird doch auferstehen!

Gewiss nicht sicher

Gewiss ist E S nicht sicher,

was wir erahnen, schauen, WISSEN

vom Nicht-Wißbaren, unsäglich

Un-aus-sprech-li-chen.

Gewiss ist E S !

Nicht sicher!

Lasse Los

Farbensicher und lichtgewiss

Be-
zogen **auf**
die letzten **Fragen**
sucht sich der Mensch
die Sicherheit.   Er **ist**
bereit, sehr viel zu **wagen**
und manche Leiden zu ertragen
für sichere Antworten im **Streit.**

Was er sich sucht, ist nicht zu **haben!**
Und wenn er`s noch so heftig **sucht!**
Was er als Sicheres sich ver**bucht,**
ist gleichnishaft wie Spektrumsfarben,
die immer schon für`s Lichte warben.

Gewissheit nur, sie kann er fin**den,**
doch nicht in den vertrauten For**men,**
in die sich Sicherheiten win**den,**
um sich mit ihnen zu verrin**den**
zu endgültigen **Wahr-**
heitsnormen.

Gewissheit als Auffangnetz

In keinem Falle möchte ich
mehr in der Wahrheitsfalle ruhen
und so in ihr gefangen sein.

Auch wenn ich dort in Sicherheit
mich wiegen kann und glauben,
die Wahrheit zu besitzen.

Ich ziehe jede Freiheit vor,
die Wahrheit ungeschützt zu sehen
und mit ihr meinen Weg zu gehen.

Mit ihr zu balancieren,
ganz ohne Fangnetz Sicherheit,
nur mit den Auffangnetzen der
ungesicherten Gewissheit.

Sicherheit und Gewissheit

Sie sind sich zum Verwechseln ähnlich!
Doch wohnen sie im jeweils and`ren
Schwerpunkt der Ellipse,
die Sicherheit und
die Gewissheit.

Und wehe,
wenn Du sie verwechselst!
Dann sicherst Du Dich ab und grenzt Dich ein,
wo nur Gewissheit, grenzenlos,
Dich tragen kann.

Und gleichzeitig
versicherst Du Dich des
artig-einzigartigen Geglaubes,
dort, wo nur GLAUBEN weiterhilft,
ein rahmenfrei entsichertes Vertrauen.

Muffiges Geglaube

Die meisten religiösen Bilder,
die Ihr Euch an den Himmel malt,
sind doch für Euch nur Abwehrschilder,
mit denen Ihr Euch-Selbst verschalt.

Sie dienen Euch als Sicherheit
in allen transzendenten Fragen.
Mit ihnen seid Ihr wehrbereit,
die Ungesicherten zu jagen.

Denn die sind Euer größter Feind!
Sie lassen sich von Eurem Glauben
nicht ihre Offenheiten rauben.

Und ihre Zahl wird, wie es scheint,
wohl immer größer in den Zeiten,
die sich für uns jetzt vorbereiten.

Nicht wissbar gewiss!

Für
mich ist es
erledigt, was Ihr
So-Euren-Glauben nennt!
Ihr habt Euch leer-ge-pre-digt!
Was noch in Euren Worten brennt,
ist kaum der Rede wert. Ihr glaubt
und meint nur Glaubenssätze,
die als DEN-GLAUBEN
Ihr verehrt!

Merkt
Ihr denn nicht,
Euer Geschwätze dient
nur dazu, Euch Sicherheiten
im Nicht-Wissbaren zu bereiten,
anstatt GEWISSHEIT mit zu nähren:

Das LEBEN wird sich nur gewähren,
wenn Ihr In-ALLEM-Glaubenszwist
gewahrt, was G L A U B E N
wirklich ist.

Tragische Gewissheit

Die
Tragik,
sie zerstört im Leid
all`
Deine
Sicherheit.

Es leuchtet Dir in jenem Bruch
vielleicht noch die Gewissheit,
dass Du auch durch die Tragik
hindurch getragen wirst.

Durchbruch [8]

Wer aus dem Ei
der Sicherheit geschlüpft ist
und im Lebens- Streit sich
nun nicht mehr zurecht findet,
steht in Gefahr, dass er sich bindet
an neu - gefund`ne Sicherheiten
in den verschied`nen Glaubensbreiten.
Doch auch diese Eier brechen!
Ihre Schalen halten nicht!
Ihr gegebenes Versprechen
hat nicht jenes Schwergewicht,
das ein jeder von uns sucht
und meist doch im Falschen bucht.
Um befreiter aufzuleben,
nützt es nichts, gebroch`ne Schalen
an den Rissen zu verkleben.
Die Befreiung führt durch Qualen!
In den Schmerzen,
in dem Leid die Geburt in die
Gewissheit vom lichtenden
Umgreifenden.

Vertrauen und Gewissheit

Was wirklich man beweisen kann,
braucht man nicht zu bezeugen.
Vor seiner Evidenz muss man
sich ohne Wenn und Aber beugen.

Doch lässt sich schlecht nur leben
vor lauter Sicherheit gebeugt.
Die Aufrichtung erstreben
wird immer wieder uns bezeugt:

Von Menschen, die auf ihrem Wege
das UR-Entsprung`ne suchen, finden,
im Unwegsamen manche Stege
uns schlagen, uns entbinden,
trotz aller Tragik,
die uns blüht,
auf das Vertrauen aufzubauen
und in Gewissheit uns zu brauen,
bis sie uns durchscheint und durchglüht.

GLAUBEN oder Geglaube?

Ausruf
eines englisch
Sprechenden Menschens
beim
Anblick eines
verkniffen Glaubenden:

what a face

what a faith

Lasse Los

Face and faith

Zu
mir spricht
Dein Gesicht,
was Du jetztseits
wirklich glaubst.

Welch` ein Schlüsseldienst?

Ge-
glaube
anbetet die
Schlüssel zum Leben.

GLAUBEN erschließt
mit den Schlüsseln
des L E B E Ns
Räume zum
Leben.

Nur GLAUBEN kann erlösen

Wenn Du Dich **Im-Geglaube**
ganz einfach glauben lässt,
dann wirft Dich bald der

aus dem Geglaube - Nest.
Du wirst nun fliegen lernen,
Vertrauens-Raum erkunden
vom Nest bis zu den Sternen.
Die Weite wird Dir munden!
Und landest Du erneut
im Nest bei den Genossen,
die sich verschanzt, vertäut
mit dem, was längst verflossen,
wirst Du im Sichtenstreit
von dort für allezeit
von ihnen
aus-
geschlossen.
Soll`n sie doch im Geglaube
ihr WESEN nur verdösen! Entflieh` der
Glaubenshaube! Nur GLAUBEN kann erlösen!

Geglaube ist kein GLAUBEN!

Heilig
ist Euch das Geglaube!
Denn den aufrichtenden GLAUBEN
könnt` Ihr Euch wohl nicht erlauben?!

Er würde Euch zu sehr befrei`n.
Er würde den Geglaube-Schrein,
in dem Ihr sanft entschlafen seid,
zersprengen und gesunden Streit
vermengen mit Lebendigkeit,
die alles frisch in Frage stellt,
von neuen Antworten erzählt,
Euch nicht mehr mit
Geglaube quält?!

Was
wäre das
für eine Welt!?!
Ein Glück, dass das Geglaube
im Sterben springt, im Tod zerfällt!

Unglaublich!

Das Un-
glaubliche zu glauben,
nur weil es unglaublich ist,
scheint unglaublich, doch der Zwist
zwischen all` den Glaubenshauben
um die wahre Wirklichkeit
gipfelt schnell
im Glaubenswahn
eigener Besonderheit
und verlangt Unglaubliches
auf der eigenen Glaubensbahn
als ein stets zu Glaubendes.
Ach, welch` Aberwitziges!

Wankelmythisch [9]

Der Christen
Glaube? Mythos-Tour
auf fraglicher Historienspur!

Gebroch`ner Mythos, der geglaubt,
den Mythos nicht zu schau`n erlaubt
als Mythos,   als die Götter-Speise,
die nährt auf der Bewusstseinsreise
zur mensch-menschlichen Ur-Gestalt,
wenn sie nicht, fehlgeglaubt, verhallt
im wankel - mythischen Gezeter
als ein Geglaube-Wackelpeter.

Was herrscht,
ist der Geglaube-Mix,
die Religion als Morphium
für stets ersehnte Glaubenskicks
im täglich-trüben Um-und-Um,
im Leben, Lieben, Leiden.

Das Christ - Geglaube?
Mythos - Mix aus
Vater,
Sohn und
heil`gen Knicks!

Eine Glaubensfrage

Hast
Du Dich
schon aufgerichtet
im lebendigen G L A U B E N
oder hängst Du noch gerichtet
vom Geglaube ab
in Dir?

Glaubenssuche[10]

Gegen
Eure Heilsversprechen
werden Menschen resistent,
lassen sich nicht mehr bestechen,
leben einfach abstinent. Ignorieren
Euer Werben für verstaubtes Nur-
Geglaube, wollen es nicht mehr
ererben unter Eurer
Kirchenhaube.

Wer den GLAUBEN sucht, will spüren,
wie ihn ALL-PRÄSENZ durchdringt
und ihm   Liebeslieder   singt,
wartet vor geheimen Türen:
Bis sie ihm sich öffnen werden
und ein sanftes All-Erbarmen
ihn umfängt mit allen Armen,
und mit liebenden Gebärden
ihn befreit von den Beschwerden
des   nur   Klerikahl - Erlaubten,
Kirchlich - Christlich - Angeglaubten.

K O N -
K R E tis Tisch E R
G L A U B E N

Wer sich dafür entschieden hat,
stets konkretistisch nur zu glauben,
der wird es sich wohl kaum erlauben,
zu schauen, was man vermieden hat,
als man für ihn entschieden hat,
stets konkretistisch nur zu glauben,
sich deshalb auch nicht zu erlauben,
zu schauen, was er hernieden hat,
wenn er versucht, mit solchem Glauben
sich wahren GLAUBENS zu berauben,
in dem allein er   FRIEDEN hat,
weil der nur hilft, das zu entstauben,
was er bisher gemieden hat.

Immergrüner Glauben

Ach, Du hast
Dich wund geglaubt
an Deinem Kinderglauben.
Hast mentalem Schund
erlaubt, Dir noch
die Vernunft
zu rauben.
Es wird Zeit, Dir zu erlauben, Dich zu lösen von dem Plunder,
von dem Glauben an die Wunder. Glauben an, um zu
und für verschließt Dir manche Lebenstür.
Glauben will erkundet sein
und gereinigt von dem Schein
al-ler Un- glaub- wür- dig- keit.
Wahrer Glauben will erschließen,
lässt in einem Lichte sprießen
in die Ebenbürtigkeit mit dem,
was uns als Menschen adelt.
Immergrüner Glauben nadelt
niemals unter Raum und Zeit.

Und
wer die Alm
schon für den Gipfel hält

Wer auf dem Weg zum Bergesgipfel
die Alm schon für den Gipfel hält,
weil ihm so mancher Baumeswipfel
den Blick zum Gipfel hin verstellt,
gerät in die Gefahr zu glauben,
dass seine Sicht der Gipfel sei.

Er wird nun keinem mehr erlauben,
ihm diesen Glauben noch zu rauben.

Und ist da einer doch so frei,
vermutet man, dies sei ein Wahn
und treibt ihn auf die Ketzerbahn.

GLAUBENs-Zwist

Was sich im Herzen losgesagt, im
Dunkeln nur, kommt jetzt ans Licht.
Die Trennung wird nicht mehr vertagt,
weil falsche Nähe nur zersticht.

Was Euch geglaubewichtig ist,
dass Ihr ihm weiter
Treue haltet:
Es
stürzt
mich nur in
GLAUBENszwist.
Ich sehe, wie es Euch zerspaltet.

Die Kluft, die mich von Euch entfernt,
tragt Ihr im Herzen immer schon.
Den Ur-Sprung habt Ihr Euch entkernt
als Gott, als Geist, als Gottessohn.

Und wer fest glaubt!

Und wer fest glaubt,
der glaubt sich
meistens
fest.

Bis dann das Leben sein Geglaube sprengt,
und dieses ihm zerspringt, zersplittert,
und er versinkt verbittert und
ertrinkt in Hoffnungs-
losigkeit.

Bis er, durchgart,
ein ungeahntes Sein gewahrt,
das ihm, der sich schon aufgebahrt
geglaubt, ein anderes LEBEN offenbart.

Verheilandete Antworten

Waches Fragen, stilles Lauschen
möchte ich mir stets bewahren.
Und ich möchte es nicht tauschen
gegen die vermeintlich klaren
Antworten, die schon gegeben
als Verkleidung für ein Leben
im Beantwortbaren.

Der Versuch der Antwortfindung
endet meist im Glaubenskampf,
in parteiischer Verbindung,
in dem voreiligen Krampf,
Sicherheitsbedürfnissen
in geistigen Zerwürfnissen
Vorrang zu verschaffen.

Ich verweig`re mich dem Glauben
an verheilandete Antwort,
lass` die Fragen mir nicht rauben,
lausch` so lang` in einem fort,
bis ein Lichtendes sich rührt
und mich hin zur Einsicht führt
in gelingendes Leben.

Waches Fragen, stilles Lauschen
möchte ich mir stets bewahren.
Und ich möchte es nicht tauschen
gegen die vermeintlich klaren
Antworten, die schon gegeben
als Verkleidung für ein Leben
im Beantwortbaren.

Glaubens-Durch-Bruch

Der Durchbruch
zum GLAUBEN ist ein
Dolchstoß für das Geglaube.

Stö-
rerische
Glaubensbahn
oder:
Richtfest auferstanden

Der klerikahle Herrscherwahn
verriegelt uns wohl immer schon
manch` störerische Glaubensbahn
von Glaubenden,   die ohne Lohn
in Schuld - Gebroch`ne aufrichten,
und sie vor jedem Richter schützen,
bis sie sich endlich auflichten,
in ihrer Reue gärend schwitzen
und nach den Fieberbanden
sich angenommen neu
erleben und,
richtfest
auferstanden, im
aufrichtenden Glauben weben.

Heimkehr in das Bann-Befreite

Ihr werft mir vor, ich habe mich
von Euren Sichten abgewandt.
Ihr klagt mir, ich sei innerlich
schon emigriert ins andere Land.

Zur Hälfte nur seid Ihr im Recht!
Ich hab` mich von Euch distanziert,
weil mich Euer Geglaube schwächt.

Ich bin jedoch nicht emigriert!
Ich bin jetzt endlich heimgekehrt
ins Jetztseits aller Wirklichkeit!

Ich bin von jenem Bann befreit,
den Ihr mit Eurem Leben ehrt:
Ihr seid vergangenheits-gebannt
und so der Zukunft zugewandt!

Gelebter GLAUBEN

Gelebter Glauben:
Bruchstückhaft aufleuchtendes,
eingefärbtes Gewahren
des
BLANCO - JA
im Alldurchwaltenden
von ihm her zu Dir und mir und
verantwortungsvoll gewagtes,
antwortendes
Ja zum
BLANCO - JA
des Alldurchwaltenden
und geschenktes, gesegnetes
Mit-Walten im Walten des
Alldurchwaltenden.

Was für ein Credo!

Und wer
im Wahrheitsringen
sich anderen überstellt,
braucht ein Gesichert-Credo.

Und wer im Wahrheitsringen
sich offen anderen stellt,
braucht ein Gesichts-Credo.

Und wer im Wahrheitsringen
sich über andere stellt,
braucht ein Gerichts-
Credo.

GOTT oder Götze?

Wir glauben an den dreieinen GOTT GOTT GOTT *Kindermund

Abgrenzung

...

gegen
alle frömmelnde
ausschließliche Inanspruchnahme
des Unaussprechlichen in der Verdinglichung
im konstruierten Gottesbild und
der Versprachlichung
im
kom-
ponierten
Gottesglauben,

da grenze ich mich ab!

GLAUBEN oder Geglaube?

Sie glauben an Gott
und binden ihn fest
und fesseln sich
an das Geglaube.

Und wundern sich,
dass es sie nicht befreit und
versöhnt, sie vielmehr im Streit
über Gott und den Glauben ent-
zweit. Und werden wohl warten,
bis sie allem Geglaube entraten.

Dann zeigt sich vielleicht
✳ ✟ ✝ ✝ und erweicht
sie im GLAUBEN.

**Ab-
gesang
auf überhöhten,
überholten Glauben**

Mein festgeglaubter Gott,
Du hast mich abgestillt
und ich entwachse Dir
und Du entweichst.

Befreist mich so
von einer über-
höhten und über-
holten Gläubigkeit,
um mir vielleicht
erneut zu nahen,
gewandelt und
bereinigt von
jedweder
Gestalt.

Im NUN präsenter Plus-Gestalt [11]

Es
träumte
mir erneut von
„ G   O   T   T "
im Sound der Bilder-Mutation.
Man führte mich auf das Schafott,
wo Gottesbilder immer schon ent-
hauptet wurden nach der Zeit,
in der die eigene Wirksamkeit
die Herzen und die Hirne banden.
Dort habe ich IM-NU verstanden,
weshalb auch Gottesbilder sterben.
Im Plus-Fluss der Entfaltung des
menschlichen Bewusstseins erben
wir eine offenere Haltung
zu der PRÄSENTEN
WIRKLICHKEIT
und eine
Klar-
sicht in
der Vielfalt im
Raum und in gelebter Zeit:
Im NUN präsenter Plusgestalt.

Windiges Unterfangen

Wie soll das
denkerisch gelingen,

auf den Begriff zu bringen?

Es ist doch ebenso vergeblich,
wie einen Wind auszuwringen!

BE**FREMDL**ICH [12]

Am frühen Morgen träumt es mir:
Ich sterbe in die G O T T H E I T !
Sie nimmt mich auf ins Jetztseits
und wird mich nun entsorgen
vom ausschließlichen Kreisen
um meine selbstverstrickten
Sichten und meine aus-
erwählten Schneisen.
Ich werde mich
durchlichten
lassen
und führen
auf die neue Bahn,
heraus aus allem Ego-Wahn.
Im Traume konnte ich es fassen!
Es war mir selbstverständlich.
Im Wachen aber bleibt es
mir befremdlich!

GOTT gegen Gott
Oder:
Transformiertes GOTTes-Lot

Jahrtausend
alter Gottes-Schrott
verrostet und verrottet im
GOTT-gewollten Menschenspott.
Und in der Rotte fault der vollmundige
H E R R E - G o t t,
vergeht und stirbt den Gottestod,
ersteht im transformierten
Lot, umwirbt uns
neu in unsrer
Not und schenkt
sich uns im Lebensbrot, im
mensch-menschlichen Morgenrot.

Gewaehrtes Liebesglück

Den Gott, der Dir die Antwort gibt,
den gibt es nicht, sieh es doch ein!
Der Gott, der Dich unendlich liebt,
ist nur ein heller Widerschein
des Lichtes aller Ur - Präsenz,
die Dich umgibt, die Dich durchdringt
mit liebestoller Vehemenz,
die all` Dein Fragen niederringt,
bis Du Dein Ego einfach lässt,
Dich dem ergibst, was Dich umfängt
im angebot`nen Liebesfest.
Und bist Du in ihm ganz versunken,
erlischt Dein Fragen Stück für Stück.
Denn im gewaehrten Liebesglück
hast alle Antwort Du getrunken.

(Angeregt durch ein Gespräch mit dem christlichen
US-Mystiker Richard Rohr im Publik-Forum vom 2/ 29.01.99 S. 36
Titel seines Buches: In der Nacht des großen Zweifels, Claudius - Verlag)

Konstrukt eines Gottesbildes

Ich stelle mir vor:
Gott wäre und würde zu mir
sprechen und sein Wort lautete:

Gewahre meine Wahrheit,
die Macht der Liebe,
in Deinem Herzen
und bewahre sie.
Sei ihr Zeuge
in Wort und Tat.

Doch hüte Dich vor
ihrer dogmatischen Verwahrung.
Denn in dogmatisch fixiertem Ghetto
blüht die Liebe zur Macht und
verwahrlost machtvoll
die Liebe.

JETZTSEITS NUR IST
WIRKLICH-
KEIT

Mach`
doch nicht so
ein Gezeter, wenn
ich sag`: GOTT gibt
es nicht! Jeder aufrichtige
Beter kennt aus Erfahrung das
Gericht, das sich vollzieht an Worten:
JETZTSEITS NUR I S T   WIRKLICHKEIT
und es öffnen sich die Pforten nur
all` denen, die bereit sind, die
begriffliche Vergötzung
zu beenden, zu
verlassen und
sich nie mehr
an-zu-passen
an die   hirnige
Vernetzung und an
den mentalen Schrott
in der Rede - über – Gott!

Gotteskündigung

Ich habe
ihm gekündigt, dem
Gott, den Du verkündigst,
denn er ist nichts als Dein-mit-Dir
verfärbtes Gottesbild.
Du predigst
Dich vor allem selbst
und hast Dich so versündigt
an dem, den Du für Gott doch hältst.

Von ALLEM in Allem[13]

ALLEM bin ich Antwort schuldig,
für ALLES mitverantwortlich,
so träumte es mir in
der Nacht.

Und in
der Nacht
darauf besuchte
mich ein Traum von
„GOTT" in Feuerbildern,
in Bildern eines lodernden
Lichtmeeres des Erbarmens.
Und in ihm wurde ich verbrannt,
der ich doch selber mich verbannt
in das Exil der Fesseln, der von den
Gegnern auferlegten und der von mir
selbst mitgestrickten. Verbrannt vom
Lichtmeer des Erbarmens, bis mir die
Fesseln fielen und ich gerichtet wurde,
aufgerichtet in der Gestalt des lichten
ALL-Erbarmens, in leibhaftiger PLUS-
Gestalt, die einverleibt ist als ein Halt
zum Leben, Lieben,
Leiden.

Und ich erwachte aufgelöst und
eingelöst und auch durchlöst.
Ich wusste mich in
jenem
L E B E N,
für das allein
es sich nur lohnt,
mich ihm in Allem hinzugeben.

*(Während dieses „Gottestraumes" hatte ich starkes Herzrasen, von dem ich
erwachte, ohne das es mich ängstigte. Ich fand es vielmehr faszinierend
im Zusammenhang mit dem Traum!)*

*(In „Lasse Los: Seid Ihr noch zu retten?" Norderstedt 2016 - habe ich
meinen bisher umfassendsten "Gottestraum" als Music-Textival unter
dem Titel: >> Als ich das bess're Leben suchte ... da träumte
mir von „GOtt"<< veröffentlicht. Siehe Anhang S. 156ff)*

Theodizee-Frage

Wie
kann-ann-ann
bloss Gott-ott-ott
das zulass-zulass-zulassen?
Der
frage-
treibende
Motor, er stott-
ott-ott-ott-ottert heut'!

lass
los

Verseucht mich nie mehr!

Versucht mich nie mehr zu verseuchen
mit Eurem Klerikahl-Geschwätz!

Ich gehe Euch nicht mehr ins Netz,
entsage allen Euren Bräuchen,
die Menschen mythisch zu vernebeln
im absichernden Glaubenswahn.

Ich lass` mich nicht mehr geistig knebeln
auf meiner weit`ren Lebensbahn.

Ich habe lang genug versucht,
mit Euch Befreiung zu erlangen.
Doch seid Ihr selbst zu sehr gefangen
in dem, was Ihr Euch heilig bucht.

Verbogene Geborgenheit

Denn die
Geborgenheit, die Du,
geglaubter HERRE GOTT,
nach Auskunft Deiner Künder
so gnädig und milde bereit
bist, zu gewähren,
verlangt von mir,
dass ich in
ihr mich
beuge
und
verbiege!
Doch so in
Dir verbogen und
wohlig eingewoben,
werd` ich um Deinetwillen
fast um mich selbst betrogen.

Mit sich vermengt

Bist Du Dir eigentlich im Klaren,
dass Du nochmal davon gekommen?
Was hat in tödlichen Gefahren
Dich DA in seinen Schutz genommen?

Ist solch` ein Fragen denn erlaubt?
Wer wollte es verwehren?
Wer nicht mehr fragen will, verstaubt
im eigenen Verjähren.

Die Antwort bleibt wahrscheinlich offen.
Wer sollte sie auch geben?
Vielleicht lässt schon die Frage hoffen
auf eine WIRKLICHKEIT im Leben,

die man im Religionenstreit
symbolgerecht mit sich vermengt
als eine Gotteswirklichkeit,
die sich dann unverfügbar schenkt.

Entwaffnende Aufklärung

Euer
Reden über Gott,
Euer Gottesdienst-Gefeier,
zieht auf sich schon bald den Spott,
tönt es nur noch als Geleier
im bekannten Glaubens-
trott.

Auf Euch
lauern die Gefahren
aller Gottesreligionen,
die sich auf ein Offenbaren
Gottes stützen, darin wohnen,
im gesicherten Verwahren
ihrer einzig wahren Wahrheit.

Solche Sicherheits - Verwahrung
braucht ganz dringend jene Klarheit
der entwaffnenden Aufklärung
für die zu durchlebende, auf-
helfende Glaubenszeit.

Wäre ich ein Prophet

Wäre
ich ein Prophet,
würde ich Gott vielleicht
so sprechen lassen: So spricht Gott:

Wer sich ans Nichtige klebt, wird vernichtigt.
Wer sich dem Wichtigen anheftet, wird verwichtigt.
Wer sich dem Wahren verhaftet, wird in Wahr-Haft verwahrt.

Doch nicht mehr in Haft, nichtig - wichtig - ver-wahr-t,
sollst Du leben, sondern:
Ohne Gewähr gewahrend bewahren!

Als man(n) ihm
- im Glauben an ihn -
die Worte in den Mund gelegt:

beschrieb man(n) ihn da als

oder als

Der Landstreicher von Nazareth [14]
oder
Jeshuanische Präsenz

Wer auf den Nazarener sich beruft,
der darf doch keine Herrschaftskirche gründen!
Denn in ihr wird er ihn nicht wiederfinden,
auch wenn er ihn als Gottessohn einstuft!

Der liebestolle Landstreicher von Nazareth,
durchglüht von seiner Gottesleidenschaft,
er wollte nicht, dass man ihn gläubig nur begafft
und ihn verklärt auf klerikalem Totenbett.

Die liebende Präsenz hat er verkündet,
sie komponiert als einen Papa-Gott,
der allpräsent und liebend sich verbündet
mit dem Lebendigen und wider allen Trott.

Sein radikaler Aufrichtungszuspruch,
er bleibt gefährlich für alle Herrschafts-Cliquen.
Auch wenn sie immer wieder in den Tod ihn schicken:
Er aufersteht erneut aus dem Zusammenbruch.

Wer auf den Nazarener sich beruft,
wie kann der eine Herrschaftskirche gründen?
In ihr, da wird er ihn nicht wiederfinden,
auch wenn er ihn als Gottessohn ausruft!

Klerikahler
Wiederspruch

Sich
zum HERR-
scheN aufschwingen
mit
dem
Bruder
J e s h u a!

Mein Jesus-Bild

„Ich
finde mich
zu Euch gesandt,
um im Getriebe
Sand zu
sein.
Um allen, die zu lange schon erniedrigt zum
Getriebeöl, egobereit nur vegetieren
in sandvergessener Ver-
legenheit, ihre
Würde
vorzufüh-
ren, sandig-
würzig, so dass es
im Getriebe knirscht, bis
Menschlichkeit, getriebeweit,
im Miteinander herrschen wird."

Mein
Jesus Christus
Aufrichtungs-Bild

Jesus wollte sicherlich
keineswegs, dass Du Dich
an ihm einfach ausrichtest,
sondern vielmehr freiwillig
Dich-mit-ihm aufrichtest
oder im geglaubten Christus
wie die Kirche ihn verkündet,
tiefenpsychologisch angeschaut
als den Archetyp des SELBST,
Dich-in-Ihm aufrichtest.

Jesus	Christus
Er-	Prä-
bar-	senz er-
mender Umarmer	barmender Umarmung
Um-	Um-
arm-	arm-
ender	ender
Erbarmer	Erbarmung

Kosmische Barmherzigkeit

Er lebte die
Barmherzigkeit
ganz ohne Wenn
und manches Aber,
entfachte einen
Glaubens-
streit
gegen das Sakralgelaber, das nur die Herrschaft sichern soll,
sakral und säkularisiert.   Die Herrschenden in ihrem
Groll, sie haben ihn bald massakriert. Die
Überlieferung tut wohl: Er habe
noch im Todesbeben
den Peinigern
den Mord
vergeben.
Er auferstand als
Ur-Symbol der kos-
mischen Barmherzigkeit:
Für seine Zeit, für alle Zeit!

Kruzifix-Symbol

Das
stille
stumme
Leidensantlitz,
Symbol für alles Leid der Erde,
entzündet jäh im Umkehrblitz den
aufwallenden Mitleidskick,
von dem ich neu
geläutert
werde zum
stetigeren Um-
kehrblick, gepaart
mit helfender
Gebärde.

Die Plus-Gestalt als
Ur-Sym-
bol

Das Plus,
es ist das Ur-Symbol
des Viel-di-men-sio-na-len.
Die Plus-Gestalt zeigt Dir Dein
Wohl und Heil jenseits der Qualen,

die Du durchleidest, lebst Du nur
im Dämmerlicht, im fahlen, auf
jener engen, schmalen Spur
des Eindimensionalen.
Doch auf dem
Weg zur Plusgestalt
erleidest Du die Wehen
von allem Auferstehen,
erlebst aufrichtende Gewalt,

die Dich aus allen Engen treibt
und Dich entfaltet, einverleibt
in jenen Halt der Plusgestalt.

Die Jesus-Klage

Wie
könnt` Ihr nur
mein vollmächtig auf-
gerichtetes, liebestolles
Pilgerleben, eingerichtet
in Ohnmacht, auf-
gerichtet in
Vollmacht,
hingerichtet von ein-ge-bil-det an-ge-maß-ter All-macht,
versunken in der Allnacht, wieder aufgerichtet
in den Herzen der Ohnmächtigen als
aufrichtende und befreiende
Vollmacht, wie könnt`
Ihr nur ein solches
Leben umdeuten im
Dienste Eurer kleinen,
miesen, ohnmächtig neuro-
tischen Allmachtsphantasien
und so die Vollmachtsuchenden
mit Eurer angemaßten Allmacht,
die sich auch noch auf mich beruft, so
in die Irre führen und ausgerichtet abrichten?!

Jesus-Torheit

Die
einen singen
es uns
vor:
Für uns ist er d a s T o r des Lebens!
Die anderen singen
laut
im
Chor:
Für uns
ist er ein
Tor des Lebens!

Traumbescherung [15]

Es träumte mir vom Menschen-Mensch.
Aufgerichtet stand er vor mir,
die Arme ausgebreitet.
Er sah mich fragend an.

Ich wusste auch sogleich, wie
er mich jetzt bescheren wollte.
Doch sträubte ich mich heftig
gegen sein Gratis-Angebot.

Mich ließ er nun, nachdem ich
mich im Widerstand vergoren,
ganz sanft und zärtlich ausgleiten
ins Meer unendlichen Erbarmens.

Er ließ mich aufbereiten, garen
zur eigenen Mensch-Menschlichkeit.
Ach, wäre ich doch schon soweit,
wie es im Traum mir widerfahren.

Einbildung

Wen man mit Verklärung ziert,
der wird meist verfälscht tradiert,
wird geschliffen, eingebildet,
erdenthoben abgemildert,
in Begriffen abgeklärt,
im begehrten Bild verehrt.
Vom Ur-Eigenen entleert,
darf er nur noch weiterleben
im ab-sich-ern-den Bestreben
seiner eigenen Tradierer, die
ihn nur gewinnen lassen
als begnadeten Verlierer,
als ersehnten Wegbereiter,
als verschnittenen Begleiter
ins selbstverwandte Paradies.

Jesus als Christussymbolträger

In Kreuz-Plus-Haltung gelebt,
aufgerichtet, zugewandt. Nach
Ur-Menschlichem gestrebt
in der Voll-Macht der Liebe.

So durchkreuzt, was er stets vorfand,
all` die Liebe zur Macht
und das Machtgeschiebe,
das ihn bald schon umgebracht
wegen seiner Umtriebe.

Und
in Kreuz-
haltung verreckt!
Nach dem Tode dann entdeckt als
D E R   M E N S C H
in Vollgestalt,
der trotz
aller Kreuz-
gewalt immer
wieder aufersteht wie
der Phönix aus der Asche.

Das Große-Kirchen-Kotzen

Der
unerkannte
Christus spricht:
In Euren reichen Kirchen
kommt, wenn ich Euch lausche,
ganz von selbst das große Kotzen mir.
Ihr wohlgenährten Pfaffensäcke
verkauft dem Volk mich
meistens so, dass ich
daran nochmal
verrecke!

Wer *kirchliches Miillieu* verstimmt

Nur sonntags
lassen sie Dich raus
aus ihrem ehrwürdigen Buch.
Für eine Stunde im Gotteshaus
der abgeschmackte Selbstversuch,

Dich mundgerecht ins Wort zu heben,
so dass es got-tes-fürch-tig tönt,
verbürgerlicht Dich einzuweben
in das, womit man sich verwöhnt.

Und nach der Sonntagslitanei wirst Du
ins Buch zurück gebannt. Nur selten wirst
Du auch erkannt im alltäglichen Einerlei.

Wer Dich in anderen Menschen schaut und
Dir dann lauscht und Dich vernimmt,
wer Dir vertraut und auf Dich baut,
der wird gefährlich, er verstimmt
das kirchliche Miillieu.

Versehrt

Und folg
ich Eurer Linie
und tue, was Ihr wollt,
belebt sich manche Mumie,
mir wird Respekt gezollt.

Doch folge ich Euch nicht
und handle angemessen
und leiste den Verzicht
auf Eure Interessen:

Aufrichte mich in Plusgestalt
mit Eurem Bruder Jeschua,
versehrt Ihr mich mit Kreuzgewalt
und singt dazu noch Halleluja.

Menschen-LIEBE
(Geheimes Jesus-Wort)

Ich möchte,
dass Ihr glücklich seid,
dann bin ich auch zufrieden.
Ich möchte Euer Lebensleid
mit Euch durchstehen, entschieden
an Eurer Seite auftreten gegen
alles, was Euch kränkt, was
Euer Leben abwärts lenkt
und was Euch ungebeten
in die falschen Zonen lockt,
die Euch nur erblinden lassen,
Euch in neue Engen fassen,
bis das LEBEN-SELBER blockt
und Ihr Euch in Leiden plagt,
falls Ihr Euch nicht weiter wagt,
Euch endgültig zu vertonen in
den aufrichtenden Zonen.

In Menschen-ART

ER war nicht auf der Welt,
um so zu sein, wie Ihr ihn wollt`,
auch wenn`s Euch nicht gefällt,
Ihr ihm deswegen manchmal grollt.

ER war nicht auf der Welt,
um das zu tun, was alle tun,
was in der Masse zählt,
WAR ADLER
und kein Massen-Huhn.

ER war nur auf der Welt,
um DA-zu-sein in Menschen-ART.
So wird die Welt durch ihn erhellt.
SEIN LICHT, das bleibt uns nicht erspart!

(Für Jesus, Buddha und die anderen Lichtgestalten)

Alles Mühen ist vergebens!

In den Granit des Lebens
sind wir urbildlich eingeprägt.
Alles Mühen ist vergebens!
Den Meißel der Befreiung schlägt
die Liebe nur mit sanfter Kraft.

Sie bildhauert die Vollgestalt.
Was sie herausliebt,
was sie
schafft
mit
ihrer
liebenden
Gewalt, hält stand
in felsenharter Nacht.

Dogmatischer Verwahrer

Du, dogmatischer Verwahrer
der Macht der Liebe,
wenn Du
Deine Liebe
zur Macht der Liebe
in Liebe zur Macht verkürzt,
landest Du in der Gefahr,
die Liebe machtvoll
zu verwahrlosen,
natürlich
selbstverständlich
im Namen der Macht der Liebe.

Liebedienern?

Wenn Du Dich schon nicht selber liebst,
weil man(n) es Dir einst kaum erlaubt,
Du Dir in keinem Fall vergibst,
für`s ureigene SELBST ertaubt,
sollen`s wenigstens die
anderen tun.

Und darum lässt
Du Dich nicht ruh`n,
für sie In-Allem da-zu-sein,
mit Deinen Taten sie zu streicheln,
damit sie Dir ein wenig schmeicheln.
Das wird Dich aber kaum befrei`n!

Halt inne und hör` auf zu dienern
und nur für andere zu wienern!
Kehr` um und diene Allem-Leben,
auch Deinem, das Dir aufgegeben
in Liebe zu Dir-Selbst und andern,
die mit Dir durch Dein Leben wandern
im achtsamen Dich-Hingeben.

Auf-hören

Die Liebe höret
nimmer
auf!

Es ist zum Erbarmen!

Nicht zuallererst beim Menschen
auf's Erbarmen bauen,
sondern primär jeden Menschen
im Erbarmen schauen.

Im Erbarmen ihn erspüren.
Mit Erbarmen ihn berühren.
Ihn so zum Erbarmen führen.

Bis er im Erbarmen lebt,
manchmal vor Erbarmen bebt.
Im erbarmenden Vertrauen
nun auf sein Erbarmen bauen!

Im Richten aufrichten

Wer
mich nicht liebt,
darf mich nicht richten.
Und wer mich liebt,
wird drauf ver-
zichten.
Geb` ich
ihm Anlass,
mich zu richten, wird
liebend er und frei von Hass,
im Richten stets mich aufrichten.

Liebe

Liebe
verwehrt sich,
wird sie bedrängt.
Liebe vermehrt sich,
wird sie geschenkt.

Liebe als Antwort

Der
Mensch ist
sich in seiner
Lebens-
lage
wohl ständig eine offene Lebensfrage,
auf die er letztlich
keine Antwort
findet,
es
sei
denn in
der Liebe,
die ihn einbindet.

Klerikahle Nächstenliebe

Kleri-
kahles Heils-
geschiebe
Gläubig-Fromme Umkehrtriebe
Nötigende Nächstenliebe
Unerwünschte
Liebes-
hiebe
Klerikahle
Seelen-Diebe

Es ist die LIEBE

Es ist die L I E B E,
die Dich leert und die
Dich damit Jenes lehrt,
dass sie Dich dann
nur
füllen kann,
bist Du von allem entleert.

Lieben kontra Labern

Vor der Liebe
weicht
alles
- - -
Aufgeblasene,
schrumpelt ein, zieht sich zurück,
und wenn es nicht die Umkehr wagt,
dann bläht es sich noch mächtiger,
um jede Liebe auszublasen!

Geteilt

Geteilt halbiert sich alles Leid.
Geteilt verdoppelt sich die Freude.
Und Liebe, ge-teilt, ver-viel-fältigt sich.

Machtvoll

Machtvoll ist
die Liebe zur Macht,
doch vollmächtig
ist die Macht
der Liebe.

Helfen - Müssen?

Den Kopf Dir nicht für andere zerbrechen,
ihn höchsten hilfreich einsetzen für sie!
Lässt Du vom Helfen-Müssen Dich nur schwächen,
dann gehst Du vor der Zeit schon in die Knie.

Auch wenn ganz gut getarnt und kaum durchschaut:
Das Helfen-Müssen ist Egomanie!
Hält Hilfesuchende in Opferagonie,
weil es den Weg zur Selbsthilfe verbaut.

Er macht Dich krank, der Zwang zum Helfen-Müssen!
Lass ab vom Helfenden-Nur-Herrschen-Wollen!
Der Helfer-Zwang, er hat Dich schnell zerschlissen.
Wer wirklich Hilfe braucht, wird Dir bald grollen.

Am Ende bist Du ausgebrannt, zerrissen.
Wer wird Dir dann noch beisteh`n, Dich ertragen
in solchen selbst-herbei-geholf'nen-Lagen?

Noch unerkannte Liebes-ART [16]

LIEBE kannst Du nicht erzwingen,
Liebe KOMMT und Liebe GEHT!
Wenn sie stirbt, wenn sie verweht,
nützt es nichts, sich darzubringen
als ihr Opfer, ihrer Leiche
Liebeslieder noch zu singen.
Sie ist schon im Totenreiche!
Und Du musst Dich neu verdingen,
dem LEBENDIGEN Dich stellen,
das Dich aus den Sicherheiten
treibt hinaus in größere Weiten:
Wo Dir unerwartet Quellen
sprudeln einer Gegenwart
noch unerkannter
Liebes-ART.

Einer trage des anderen Last (Paulus)
Tut man aber nur so-als-ob, gilt meist:
EINER ERTRAGE DEN ANDEREN ALS LAST

Welch` ein Unterschied!

Kennst
Du schon den
Unterschied zwischen
einer dienenden Königin
und einer königlichen Dienerin?

Die Eine dient dem vollen Leben,
die Andere   dienert nur in ihm.
Die Eine lebt ganz hingegeben,
die Andere hat sich dem ergeben.

Die Eine wird in Leidbedrängnis
vor allem aufpoliert   - und reift.
Die Andere wird in solch` Beengnis
nur abgerieben - und versteift.

Die Eine geht in Allem auf,
die Andere in ihm unter.
Die Eine-Frage stellt sich Dir:
Wie lebst Du selber jetzt und hier?

liebespräsent

liebe ist als ein event
ihrem wesen nach präsent
wird sie dir zum präsent
macht sie dich im nu
präsent und
du wirst
zum
präsent

Aus
einem offenen Brief *
an einen Superintendenten [17]

Mit Befremden las ich heute in
der Tageszeitung das Zitat aus Ihrer Predigt
zum 175. jährigen Bestehen Ihres Kirchenkreises.

Als
„freie Christen,
die sich einzig und allein

seiner Liebe unterwerfen,

nehmen
wir das alles
nicht hin", sei
eine Erkenntnis
der Reformation.

Was ist das für ein Geist, in dem man sich „der Liebe
unterwirft"? Unter diesem Geist habe ich als Mitarbeiter
einer evgl. Kirchengemeinde 25 Jahre lang gelitten,
bevor ich im Jahre 2001 *R*-AUSGEFLOGEN bin.
Wie kann man sich bloß der Liebe unterwerfen,
anstatt sich ihr in die Arme zu werfen
und sich von ihr tragen zu lassen?
Reformatorisches Christentum
atmet aber in der Praxis diesen
subtilen Liebes-Unterwerfungs-Geist,
den Sie in ihrer Predigt „vertont" haben.

Was hat das mit wahrer Kirche zu tun?
Ihr entspräche ein integrales trans-
formatorisches Christsein (wie es
die protestantischen Theologen
W.+M.Küstenmacher/T. Haberer
im Buch „Gott 9.0" beschreiben)
ohne Unterwerfungslyrik in einem
Aufrichtungs- statt Ausrichtungsgeist.

(*Er hat mir in bewaehrter Ignoranz nie geantwortet)

<u>MITARBEITER oder Kirchenbimbo?</u>

WIEDERLICH

Bei der ersten
Dienstbesprechung nach
der Wende des Jahrtausends:

Wieder war'n sie wider sich!
Wieder wurde nicht geteamt!
Wieder wurde wieder nur,
wie gewohnt, Team
gemimt!

Lasse Los

Das Los kirchlicher Mitarbeiter

Wenn im
Klerikahlverein,
der sich stolz
„Die Kirche"
nennt,
Mit-
arbeiter sich befrei`n von dem vorherrschenden Trend,
„Pfaffenbimbos" zu sein, wenn auch meist nur zum Schein,
sie, der Kompetenz gemäß, selber denken, selbst
entscheiden, Pfaffen nicht mehr ins
Gesäß kriechen, um Konflikt
zu meiden, wird
man sie mit
Sanktionen strafen,
pastoral-subtil, und sie
nirgendwo mehr schonen
in dem herrschaftlichen Spiel,
dass die Pfaffen gern vertonen,
um als Sieger drin zu wohnen.

Kirchen-Alltag

Hauptamtlich und männlich,
auch wenn weiblich, in der Kirche:
Visier runter und brüderlich
gefratzt!

Freiheit in Ketten?

Und angekettet beten sie
die Ketten an und betten sich
in ihrer Haft, verkitten sich
den Freiheitswillen und wetten,
dass die eigenen Ketten für sie
die größte Freiheit sind.

(Gegen frömmelnde Mitarbeiter)

Wofür war ich angestellt?

Lief es so, wie
man sich`s von mir
vorgestellt, hieß es nur:
Dafür bist Du angestellt!

Lief es nicht so, wie man sich`s
von mir vorgestellt, hieß es nun:
Wofür bist Du angestellt?

Klerikahl-Abwehr

Meine Wärme
könnt` Ihr haben,
aber niemals meine Wolle!

Sucht Ihr mich zu untergraben,
meine Wolle mir zu färben,
sie zu stutzen, sie zu scheren,
um das Fell mir noch zu gerben:

Wandle ich sie um in Stacheln,
Euren Angriff abzuwehren.

Mitarbeiterführung

Lähmung
befreiender Impulse
durch Zähmung
mit
in-stru-men-ta-
li-sier-ter Freund-lich-keit.

Warnung vor munterer
Ergebenheit

                   Aus
Angst   vor   Repres-
salien   die   Angst
vor Re-   pres-   salien
      ver-   drän- gen,
               sich
          noch mehr
        einzwängen in
      muntere Ergebenheit.

Nötiger Respekt

Nur den nötigen Respekt
kann ich Dir erweisen,
nicht den abgenötigten.

Wenn in der Frage schon die Antwort droht

Ich werde Deine Frage nicht beantworten,
weil in der Frage schon die Antwort droht.
Hast Deinen Zugang erwählt aus allen Pforten.
Geh` ich hindurch, fall` ich aus meinem Lot.

Ich akzeptiere nicht mehr die verengten Sichten,
die Du - ganz selbstverständlich - weiter pflegst.
Ich lasse mich auf sie nicht mehr verpflichten,
auch wenn Du Steine in den Weg mir legst.

Ich ignoriere Deinen Antwort-Test.
Der Spieß ist umgedreht: Du wirst bedroht!
Ich hoffe sehr, Du fällst jetzt aus dem Lot,
damit Du nun die größ`re Weite ortest.

Klerikahlisch

Ein
Gespräch
ist ein Gespräch
und kein Tri-
bunal,
Herr Pfarrer! Dialogik ist gefordert!
Ihre Sicht trifft die andere! Und,
Herr Pfarrer, treffen heißt,
ihr in Offenheit
begegnen
und
ihr nicht
klerikahlisch
nur entgegnern.

Gestörte Kreise

Wir stören einfach Deine Kreise
und wehrst Du Dich in Deiner Weise,
dann drohen wir Dir, zu Deinem Frust,
mit Zu-ge-hö-rig-keits-ver-lust.

Und wenn sich andere empören,
weil wir ja Deine Kreise stören,
verlangen wir in Deiner Lage,
das steht für uns ganz außer Frage,
von Dir, dafür auch noch zu werben,
dass wir jetzt Deine Kreise stören.

Und bist Du nicht bereit, zu hören,
wird unser Wohlwollen ersterben
für Dich und Deine trotz`ge Weise,
denn Du störst damit unsere Kreise.

Pfaffenbimbos Schicksal

Im Raum verklerikahlter Zwänge
von Kuttenpanzern angefahren,
er-al-ter-te er vor den Jahren
in kirchverklemmter Alltagsenge.

Er fand zwar manches Schützenloch,
das ihn jedoch kaum schützen noch
bewahren konnte auf dem Flucht vor
manches Kuttenpanzers Wucht.

Als Pfaffenbimbo litt er arg!
Doch wehrte er sich selten nur!
Er-dul-de-te die Pfaffen-Schur!
Sinkt vor der Zeit er in den Sarg?

*(Geschrieben für einen Mitarbeiter,
der sich als Pfaffenbimbo anbot)*

Pfaffen-pfiffig angefurzt

Ich
tu` ihm
den Gefallen,
noch besser als er
es gewollt. Ihm ist
geholfen, doch er grollt,
weil ich ihm den Gefallen
nicht so getan, wie er es wollt.

Und weil er mir deswegen schmollt,
verletzt er mich vor allen und
tut in seinem Pfaffen - Wahn,
als hätt` er den Gefallen, ihm
den Gefallen an-zu-tun,
allein nur mir getan,
um so in seiner
Gunst zu
ruhn.

Sündenbock

Im Rahmen Eurer Regelungen
darf ich bei Euch auch kreativ sein.
Doch sprenge ich das Normgefüge,
weil KRE-A-TI-VI-TÄT es will,
werde ich bei Euch schon bald
als Außenseiter verhandelt
und irgendwann abserviert
als Euer Normgehege
festigender Sündenbock.

Nicht Deines Dankes Beute

Mit
Deinem
Schlacht-
schiff bist Du heute
in meinen Hafen eingebrochen.
Ich wurde Deines Dankes Beute,
hast mich mit Freundlichkeit zerstochen.

Dein Dankeslob hat mich beschossen!
Der Kampf, er ging für mich verloren!
Und Du hast Deinen Sieg genossen,
ihn ausgestrahlt durch alle Poren.

Doch hab` ich mich Dir nicht ergeben,
mich Deinem Willen nicht verzahnt.
Auch zukünftig werd` ich nicht leben,
wie Du es längst für mich geplant.

Da nützt Dir auch kein Tadellob,
kein Schmeicheln und kein Wüten.
Ob Du nun freundlich bist, ob grob:
Ich werd` mich immer vor Dir hüten!

Ausschlag verlogener Bruderschaft

Und ich berichte kurz in
unserer Dienstbesprechung
von der gelungenen Premiere
des eig`nen Music-Textivals
bei unserer Schwesterkirche,
von seiner positiven Wirkung.

Und ich bezeichne dies
als einen Pflock,
den wir,
die Präsentierenden,
für die erstrebte Ökumene
mit eingeschlagen haben.

Als Reaktion, da fragt er mich,
der Zwangsgemeinschaftsoberbruder,
das Pfarrer - Oberhaupt, abschätzig
und höhnisch grinsend, wen ich denn
da erschlagen habe, ganz ökumenisch?

Und alle Zwangsgemeinschaftswächter
erbrechen sich in brüllendes Gelächter.
Sie nutzen nun mit voller Kraft die
Chance der Gelegenheit, vom Druck
verlog`ner Bruderschaft sich zu
befrei`n, wenn auch nur
kurz, für eine dünne
Schmalspur-
zeit.

(Geschrieben als Reaktion
auf die höhnische Anmache des leitenden Pfarrers
in der Dienstbesprechung, nachdem ich von der Premiere eines
Music-Textivals in der Katholischen „Schwester“-Kirche berichtet hatte)

Nützlicher Idiot

Ach, bin ich Euch ein nützlicher Idiot
und förder` Euer öffentliches Ansehen,
hofiert Ihr mich bei manch` einem Geschehen.
Ansonsten schweigt Ihr mich einfach tot.

Feuerzeug-Taufe

Der Pfarrer will die Christmette
liturgisch prickelnder gestalten.
Er sucht das Licht von Bethlehem,
als Feuer dort entzündet, zu erhalten.

Nach vielerlei Bemühungen
und zusätzlicher Arbeitszeit
des Küsters, ist es nun gelungen:
Das Licht von Bethlehem, es steht bereit!

Der Küster hält es für `nen Gag,
für kirchgemässen Werbetrick.
Ein weihnachtlicher Feelings-Kick
als nüchtern kalkulierter Werbezweck.

Weil er als freier Protestant von
solchem Firlefanz zum Fescht
nichts hält, so hat er kurzerhand
das Kerzenlicht aus Bethlehem gelöscht.

Und hat es neu, im Hier-und-Jetzt,
mit seinem Feuerzeug entzündet,
hat seine Dienstpflicht so verletzt.

Es wär` in Abmahnung gemündet,
hätt` irgendwer, der ihn nicht schätzt,
es mitbekommen,
ihn verpetzt.

Doch
hab` nur ich,
der ihm verbunden,
es miterlebt, mich amüsiert,
wie er das Ganze noch gekürt:

Ein neuer Name war gefunden
für`s Feuerzeug, crème de la crème:
„Das ewige Licht von Bethlehem!"

(Für alle echten protestantischen Küster)

Was ich nicht sollen wollte!

Sollt` das Eure wollen sollen,
was ICH gar nicht WIRKLICH wollte.
Und ihm auch noch Achtung zollen,
jenem, dem ich bald schon schmollte,
und das ich nicht sollen wollte,
weil IN-MIR ein Echtes grollte,
das sich in mein Leben rollte
und das ich, mehr und mehr,
als mein UREIGENES wollte.

Vergammelt

Auch ich, ich finde es bequemer,
wenn Ihr den Arbeitgeber spielt.
Dann spiel` ich eben Arbeitnehmer!

Ihr habt es darauf abgezielt,
mich stärker noch an Euch zu binden.
Doch kann ich mich bei Euch nicht finden.

In Eurer kirchlichen Gemeinschaft
pflegt Ihr eine Beziehungshaft,
die Euch nicht freier leben lässt.

Ihr tut nur so, als ob Ihr für-
einander da seid. Doch die Tür
zum LEBEN bleibt in Eurem Nest
verschlossen und verriegelt.

Seht Ihr Euch darin nicht gespiegelt?
Ihr seid verriegelt und verrammelt
und wundert Euch, das Euere
Gemeinde vergammelt.

Nestbeschmutzer

Weil er mit Nestkritik nicht sparte,
die Treue zu sich selbst bewahrte,
wurd` er im Nest oft arg gebissen
und zusätzlich noch angeschissen.

Als er frustriert das Nest verließ
und außerhalb die Nestkritik
zur Sprache brachte, da hieß im
Nest er nur noch Nestbeschmutzer.

Sein Leiden war noch nicht zu Ende
mit dieser dreisten Projektion.
Er rang um eine echte Wende
im Nestbetrieb mit neuem Ton.

Doch wer Gestörtes wirksam stört,
um dessen Störfall zu entstören,
wird von Gestörten kaum gehört,
die aufgeschreckt nur rumröhren
im kollektiven Sich-Empören,
da ihr Gestörtes sie betört,
und sie sich seh`n als Ausputzer
für solche Störfallnestbeschmutzer.

Kleri-Cooler Queri-Kaler

Zwischen all` den Klerikahlis
unter ihren Kleri-Kulis
war ich stets ein
klericooler
Queri-
Kaler.

Ausgeeitert

Die nach Glanz Gierenden,
sich zum Glanz Verführenden,
wollten von mir, dass ich ihre
Sache glänzend präsentiere.

Doch ich weigerte mich strikt!
Denn es hat mich arg bedrückt!
Leuchten wollt` ich und nicht glänzen,
wollt` mich nicht mit Ruhm bekränzen!

Den man mir doch zugestand,
hätt` ich mich dazu bekannt,
und sie dadurch mit gepriesen.
Ich durchkreuzte diesen miesen
Glanz-Verblendern ihre Tour.

Und so kam es dann zum Schwur
gegen mich. Ausgeeitert wurde
ich und man präsentierte sich
als durch mich gescheitert.

Human-Abrieb

Im kirchlichen Tendenzbetrieb
erlitt ich den Human-Abrieb.
Doch weil im Tiefsten mir verbrieft,
hab` ich die Ur-Tendenz vertieft.

Die notwendige Folge war:
Ernüchtert sah ich deutlich klar:
Wenn Ihr Tendenzbetrieb betreibt,
verkrümmt Ihr Euch und einverleibt
Gemeindliches mit Vehemenz
in die vermeintliche Tendenz
erfrömmelter Verhimmelung
mitmenschlicher Verstümmelung.

Der Ur-Tendenz hielt ich die Treue!
Ich wurd` verstossen! Nun erfreue
ich mich an frischer Geistesluft,
befreit aus Eurer Kirchengruft!

PFARRER oder Pfaffe?

Anfrage an einen Pfarrer

Wie

oft   bist

D u

ein Täter

des   W O R T E S -

und wie oft nur sein

TÄ-TE-RÄ-TÄ-TÄTER

und somit sein

Verräter?

Lasse Los

Nach langen Jahren im Kirchendienst

Mit Pfarrern hab` ich über-
wiegend schlechte
Erpfarrungen.

Musterpfarrer

Er
wollt` ein
Musterpfarrer
werden! Drum
hat er
alle Ur-Gebärden, die einen Muster-Pfarrer
zieren, versucht zu internalisieren!
Oh Schreck! Oh Graus!
Ohr- Schreck!
Ohr-Graus!
Was
kam bei
dem Versuch
bloß   raus?!

(Für alle selbsternannten Musterpfarrer)

Der gescheiterte Pfarrer

Anstatt sich ganz einfach
als Mitmensch zu inkarnieren,
versuchte er sich krampfhaft
als Pfarrherr zu inszenieren.

Er konnte sich zwar etablieren,
sich in der Rolle aus-pro-bie-ren.
Doch kam ER-SELBST darin kaum vor,
weil er SICH immer mehr verlor.

Das Ganze
ging entsetzlich schief,
da es ihm aus dem Ruder lief.
Als er SICH selber nicht mehr fand,
er-litt er sich als aus-ge-brannt.

Und die Moral von der Geschicht`:
Bist Du ein Pfarrer, suche nicht
als solcher Dich nur zu gebärden,
statt immer mehr EIN-MENSCH zu werden.

Pastoral-gefratzte
Freundlich-
keit

Die ge-
fratzte Freundlichkeit
soll Dein Gegenüber bannen
und betäuben mit der Zeit,
um es mit Dir zu verspannen.

Greift das nicht, springst Du in Streit!
Und ur-plötzlich schlägst Du Wunden,
jenem, der im SELBST-Gesunden
sich nicht Deiner Sache weiht.

Wehrt er sich, tust Du erstaunt über
angetane Schmerzen. Pas-to-ral
wird ihm geraunt, es ging Dir
doch nur um`s Herzen.

Geht er zu Dir auf Distanz,
ist für Dich er schon gestorben,
wird von Dir nicht mehr umworben.
Du strafst ihn mit Ignoranz!

Bis zum „Geht nicht mehr!"

Helfen bis zum „Geht nicht mehr!"
Laut und heftig - mit Radau!
Stille Hilfe fällt Dir schwer,
bist ja ein besonderer
Pfau!

Willst
Dein Rad
vor allen schlagen,
Dich dabei bewundern lassen!
Es ist kaum noch zu ertragen!
Wie soll das zum Pfarrer passen?

Nach bekanntem Muster

Sie ist der Chef! Doch er ist der Patron!
Er war ihr Mentor, wenn auch vor Jahren schon.
Noch respektiert sie ihn als erste Garnitur. Doch
nicht mehr lange bleibt sie auf zweiter Spur.

Denn sie will führen, egal um welchen Preis!
Wer ihr nicht folgt, den stößt sie bald vom Gleis.
Das kann ihr Mentor für sich nicht akzeptieren.
Drum wird es bald schon zur Endausscheidung führen.

Noch
pflegen beide
die traute Allianz.
Wer achtsam lauscht,
spürt jetzt schon Dissonanz.
Es ist nur eine Frage noch der Zeit.
Dann bricht er aus, der bitt`re Pfaffenstreit.

Als Mentor wird er sicher un-ter-lie-gen,
wenn sie sich im Untergrund be-krie-gen.
Vielleicht wird als Patron er sie bezwingen?
Wie ich sie kenne, wird sie ihn niederringen!

Geschickt wird sie ihn aus der Position
als kaum geliebtem, nur geduldetem Patron
mit herrisch-weiblichem Getrickse vertreiben,
um sich den ersten Platz selbst einzuverleiben.

Oberhirte

Ober-
hirtenhafte Weisen,
sich nur als Dompteur zu preisen,
sich zu blähen, sich zu weiten,
sich gemeindlich auszubreiten,
im geglaubten Krusten-Geist,
den man als den höchsten preist,
die Gemeinde zu-zu-rei-ten!

Klerikahle Strategie

Er stürzt in
mein Büro und fragt
mich, ganz unvermittelt:
„Mensch, was nervt Dich
denn bloß an unserer Kirche so?"
Ich zögere mit der Antwort: Wo
soll ich beginnen mit den Gründen,
um aus dem Labyrinth zu finden?

Die Frage meint er nur rhetorisch!
Schon überfällt er mich euphorisch
mit lauter Selbst-Rechtfertigungen.
Und prompt ist wieder ihm misslungen,
- ganz ohne Kle-ri-kahl - Al-lü-ren -
ein Frei-Gespräch mit mir zu führen.

Mein Eindruck sagt, er wollt` auch nicht
die Antwort hören. Mein Verzicht
auf sein Geschwätz war eingeplant.
So hat er sich den Weg gebahnt,
dem Gremium zu suggerieren:
Mit mir wär` kein Gespräch zu führen!

Kirchen-

Austritts-Beschleuniger

Noch kirchenaustrittsgehemmt,

doch schon kirchenaustrittswillig,

war für ihn der Pfarrer bei der

Beerdigung des Freundes

ein Kirchen-Austritts-

Beschleuniger!

Ange-
strebtes
Herrscherjoch?

Ihr pastoraler Mädchen-Ton
wird Dich nach einer Weile stören.
Wirst Du bewusster nun erhören,
wie sie versucht, sich einen Thron
im Miteinander zu erringen, um
sich das Große Halleluja
mit Subalternen zu
ersingen?

Dies wird Dir
bald schon deutlich klar!
Wie wirst Du darauf reagieren?
Lässt Du Dich einfach nur betör`n,
Dich von ihr weiterhin verführen,
um ihren Anspruch nicht zu stör`n?
Nun, was sie sucht zu predigen,
das müsste ihren Anspruch doch
als angestrebtes Herrschaftsjoch
in Deinem Kopf erledigen!?

Pastorale Machtgier

Die Machtgier, pastoral verpackt,
tönt temperiert im Sing-Sang-Ton,
damit sie sich nicht, wild und nackt,
verrät auf ihrem Herrscher-
thron.

Wer
seine Gier
nach Macht verdeckt,
nur leben will in seinen Welten,
der lebt sie aus, wenn auch versteckt,
denn er will gelten, gelten, gelten!

Erledigt

Aus
der Perspek-
tive dessen, den Ihr
sonntags feierlich lobt und
preist, ist es vermessen, oft auch
ungeheuerlich, wie verkühlt, ja schon vereist,
Ihr sein Andenken pflegt und nicht seht,
worauf er weist, wenn Ihr ihn für
Euch erledigt, ihn erneut
zum Schweigen
bringt,
dass er nicht
SEIN-LIED Euch singt,
wenn Ihr ihn für Euch auslegt.

Erfolg-Reich

Und als der neue Pfarrer uns mit
stolz geschwel(l)ter Brust belehrt,
wie er mit wirksamen Methoden
sich heute neue Menschen fischt,
und dabei so erfolgreich ist,
fahr` ich ihm barsch
in die Parade
mit einem Spruch
von Martin Buber:
„Erfolg ist keiner
der Namen
Gottes!"

Pfarrerriege

Ist denn in der Pfarrer-Riege
immer noch das Pfaffige
stärker als das Pfarrerige?

Der Maßlos-Stab
oder:
In-Schach-Halte-Ethik

Der Maßstab, den sie anlegen
an das gemeinsame Handeln,
er ist zu hoch und zu verwegen,
um in ihm menschlich
noch zu wandeln.

Anstatt ihn einfach abzusenken,
damit er LEBEN nicht behindert,
versucht sich jeder zu verrenken,
um zu vertuschen, wie vermindert
er diesem nur genügen kann.

Und mit verlog`nen Strategien
versucht ein jeder ihn zu flieh`n.
Man spinnt sich ein im Lügenbann.
Der Maßstab lässt sich gut entfalten,
um andere in Schach zu halten.

Der den Schein gebiert

Er ist Pfarrer von Beruf!
Es gehört zu seinen Pflichten,
Dienst am Menschen zu verrichten.

Sonst beschädigt er den Ruf
seiner Kirche, die ihm einen
wohldotierten Posten lässt.

Deshalb sollte man ja meinen,
dass er sich sein Kirchennest
nicht beschmutzt durch faule Tricks.

Weit gefehlt! Er ist ein Blender
und somit ein Kirchenschänder.

Seinem Argumente-Mix,
den er vorteilhaft serviert,
solltest Du schon bald misstrauen,
sonst gerätst Du in die Klauen
dessen, der den Schein gebiert.

Unheilsgeil?

Er ist ein Pfarrer und er predigt ja so gern
vom Unheil, das vom Heile-Seines-HERRN
gekreuzigt wird und endgültig zerschlagen,
damit die Christlichen am Unheil nicht verzagen.

Um solche Predigt zu würzen vor allen,
lässt von der Kanzel einen Tontopf er fallen.
Genießt mit Wolllust den Aufprall in die Scherben
und predigt lüstern von Unheil und Verderben.

Und die vom Schicksal Geschlagenen erstarren!
Noch emsiger spannt er sich vor den Karren.
Auf allen Vieren sucht er Scherben zu zertrümmern.
Das ganze Unheil soll schrecken und bekümmern!

Die Scherben-Show dient nicht dem Einen-Ziel
der Heilszusage.   Denn sein Predigtstil hat
längst die Ohren der Hörenden verstopft, auch
wenn er jetzt auf Heil-im-HERRN umtopft.

Auch wenn er jeden Hörer nun beschenkt
mit einem Splitter der Scherben, ein-
gesenkt in Seidentuch als ein Symbol für Heil.

Es bleibt ein schaler Geschmack von „unheilsgeil",
der Eindruck von fahler Profilierung, von Predigt-
missbrauch als reine Selbst-Verzierung.

(GESCHRIEBEN NACH DEM
ERSCHROCKENEN BERICHT EINER
GOTTESDIENSTBESUCHERIN IM HERBST 2001)

Frei und wahr

Sie
verkünden
Dir die Wahrheit,
die Dich frei macht
und verweigern
Dir die
Freiheit,
die   Dich
wahr   macht!

Sich hetzen oder herzen? [18]

Entnervt klagt mir die Pfarrerin
heut` über`s Theologen-Team,
das Kirche optimieren will:

„Wir hetzen uns zu Tode!"

„Wie wär` es denn,"
so frag` ich sie:
Ihr richtet
Euch
ganz ohne
Wenn und Aber,
ganz ohne pfaffen-
pfiffiges Gelaber an
Eurem Nazarener auf
nach seinem Lebensmotto:

„Wir herzen uns ins Leben!"

Kirchenschaden

Dein Leben
ist die Gegenpredigt
zu allen Deinen Kanzelworten.
Für mich ist Dein Geschwätz erledigt.

Es schmecken Deine Worte-Torten
nur denen noch, die Du geblendet
mit Deinem vorgetäuschten Charme.

Ich hab` mich von Dir abgewendet.
Es schlägt mir nur noch auf den
Darm, was ich bei Dir
gewahre.

Du bist für sie
ein Kirchenschaden!
Mit Dir geht Kirche weiter
baden in Richtung Totenbahre!
Halt Dich an das, was Du gepredigt,
sonst bist auch Du schon bald erledigt!

Klerikahler Mitleids-Missbrauch

Und ist sein Mitleid kaum geboren,
wird es schon darauf eingeschworen,
sich mit-leids-los zu profilieren.
Er will an ihm stets profitieren!

Sein gnadenloser Missbrauch aber,
kaschiert vom Kle-ri-kahl-ge-la-ber,
wird auch noch lauthals propagiert
als Weg, der zum Erbarmen führt.

Wem da nicht schlecht wird,
der ist krank!
Geruchsbetäubt
für den Gestank und
blind für jenen Ego-Stau
in gnadenloser Gnaden-Show.

Gottes-
Floskel-Brei
im Leichen-Rede-Trott

Oh Gott! Oh Gott! Oh Gottogott!
Was faselt der uns bloß von Gott!
In seinem Leichenredetrott hat
er schon siebenundzwanzigmal
das Nomen Gott erwähnt.
Ob wohl in tiefer Trauer
hat auch die Witwe
schon gegähnt.

Es fließt sein
Gottesfloskelbrei.
Ich höre nicht mehr hin,
gedenke des Verstorbenen,
die Predigt wird mir einerlei.
Obwohl sie uns doch trösten soll,
wirkt sie nur trostlos, sprachlich hohl!
Oh Gott! Oh Gott! Oh gottogott?
Warum verschont er uns denn nicht?
Doch tut er ja nur seine Pflicht
im Leichenredetrott.

Dienst-Ver-Sprechen

in der Dienstbesprechung
warst Du heute ehrlich,
für einen Augenblick
in der Dienstbesprechung
hast Du Dich offenbart
für einen Ohrenklick
in der Dienstbesprechung
hast Du sie präsentiert
als eine „Dienst-Bestechung"
in der Dienstbesprechung
hast Du Dich gleich geniert
für Deine Ver-Sprechung
in der Dienstbesprechung
und das nur, weil Du einmal
ehrlich warst und unverstellt
in der Dienstbesprechung

Nach   JENEM LEBEN

Ihr habt Euch selbst dazu verpflichtet,
die LEBENsLIEBE zu verkünden.
In gut dotierten Pfarrer-Pfründen
habt Ihr Euch wohlig eingerichtet.

Nun läuft der Laden aber schlecht!
Die Frage kommt, ob Ihr verzichtet
auf manches finanzielle Vorrecht.

Von
dem Geschrei
wird hier berichtet,
das Ihr daraufhin
angestimmt.

Ihr seid bereit, Euch zu verbünden,
den armen Christus zu verkünden,
doch alles Weitere Euch ergrimmt,
wenn man nach JENEM LEBEN fragt,
dem mehrheitlich Ihr Euch versagt!

Wahrer werden - Lauter sein

Deine
Rede von
der Wahrheit
wird nicht wahrer,
wenn Du lauter wirst,
sondern nur, wenn
Du lauter
bist.

Vorbehalt

Mich
interessiert
nicht, was Du predigst!
Ich schaue hin, ob Du es lebst!
Ob Du es wirklich mit uns webst,
was Du in Worten schnell erledigst.

Ge-pre-di-ge stößt mich nur ab,
weil ich bei ihr den Eindruck habe,
hier geht es um die Prediggabe:
Sie hält den Prediger auf Trapp.

Erst wenn Du das, was Du gefunden,
im aufrecht-standhaften Durchleben
uns predigst, wird es mir auch munden,
wird Speise sein und Kraft mir geben.

Vorlaute Gottesknechtung

Die meist vorlaute Gottesknechtung
in manchem frommen Predigtschwall
trägt häufig bei zur Gottesächtung
und zum vermehrten Gottesabfall.

Schlüsselwort im Wortgeflecht

Schau` Dir einmal die Worte an,
in die Du suchst, Dich einzuhüllen.
Erspüre ihren Zauberbann! Er wird
Dich nur mit Dir verfüllen,

wenn Du nicht noch die auf-
richtenden Schlüsselworte findest,
und Dich nur an die ausrichtenden
Wort-in-Wort-Geflechte bindest.

Gewahre die Geschwätzigkeit, mit
der Du selbst Dich einkleidest,
so den Kontakt vermeidest
zu Deiner eigenen Endlichkeit,
in der allein Du leben kannst,
im Heimischen zugleich befreit.

Sachgerechte Selbstvertonung?

Wenn
einer nur
sich selber predigt,
die Sache, die er einst vertrat,
für sich missbraucht, wird sie geschädigt.

Verlassen hat er längst den Pfad
gemeinsamer Verantwortung.
Er tut nur so, als diente er
in sachgerechter Selbstvertonung.

Doch er meint seinen Selbsttransfer
in herr-scher-li-che E-go-Wei-ten.
Wenn er sich durch die Sache predigt,
ist sie bei ihm schon längst erledigt.

Er lässt sich immer neu verleiten,
die Sache selbstgerecht zu nutzen,
um sich mit ihr herauszuputzen.

Läuterungsgeläute
im Gepre-
dige

Nicht-
geläuterte an zu läuten,
ihnen lauthals zu erläutern,
wie sie sich doch läutern sollten,
ist ein leuchtendes Beispiel
dafür, wie man es den Leuten
arg verbaut, sich zu läutern.

Missglückte Mission

Voller
Zuversicht stoppte
er meinen Lebenslauf
und redete mir von Gott
und predigte mir,
mein Leben Gott
zu weihen.

Ich aber hörte, wie er von Gott REDETE
und wie ER Gott PREDIGTE. Und ich fragte mich,
WEM er bloß sein Leben weihte. Und ich nahm ihn beiseite
und weihte ihn ein in die Bewusstheit, dass immer WIR
von Gott reden, wenn wir GOTT predigen.

Doch er wusste VIEL - ZU - VIEL
von Gott und so ging der Kelch
der Bewusstheit, ein MENSCH
zu sein, spurlos an ihm vorüber.

Und er ließ mich fallen als einen, den
SEIN-GOTT nicht mehr erreichen konnte.

Und ich freute mich meines Lebens
und der Freiheit, DIESEM Gott
nicht dienen zu müssen.

Ist Alles-SCHON Beim-
Wort ERLEDIGT?

Hasst Du sie
noch nicht erkannt,
Die-Eine-Menschenwürde?
Du hast Dich Mit-Gott-verrannt.
So wirst Du-Dir-Selbst-zur-Hürde.

Die Mitwelt, was erlebt sie bei Dir,
diesseits Deiner Predigtworte?
Ein meist geschlossenes Visier,
kaum einmal Einlass durch die Pforte
zu jenem Land, das Du beschwörst
in jeder ausgepfeilten Predigt.
Ist Alles-Schon-Beim-Wort erledigt?

Gewahre, wie Du Dich betörst, wenn
Du nicht lebst, was Du erzählst
und Dich und die Gemeinde mit
Deiner Selbstverblendung quälst.

Pfaffensabbelei

Je
weniger
die Kleriker an Jenes
glauben, was am Grabe sie
genötigt sind, sich, trost-
spendend, zu erlauben,
je häufiger verfallen sie
in religiösen Floskelbrei
und altes Glaubenseinerlei.
Wer geht da noch getröstet
und nicht vielmehr im Ärger
geröstet heim nach solcher
Pfaffensab-
belei.

Lalleluja

Wenn ein Prediger sein Lalleluja lallt,
sein Gepredige von seiner Kanzel schallt
und im fast schon leeren Kirchenraum verhallt,
wird mir, der ich dennoch lausche, herzenskalt.

Und ich frage mich, wie lange noch verkrallt
man sich fest bei Kirchens an solchem Halt
und verteidigt jene sterbende Gestalt
aus dem vormodernen Geisteshalt

mit rhetorisch routinierter Wortgewalt,
die so häufig von mancher Kanzel schallt
und doch immer mehr im leeren Raum verhallt,
wenn ein Prediger sein lautes Lalleluja lallt.

Religionsverdreht

Das Geschwafel im Geschwätz
re-li-gi-ons-ver-dreh-ter Pfaffen
hat nur Wirkung noch im Netz
derer, die es niemals schaffen,
sich die Freiheit zu erringen,
selbst zu denken,
selbst zu schau`n,
in den Klängen
mit-zu-schwingen,
die das Leben auferbau`n,
um sich nicht mehr auszurichten
am Geheiligt - Hin - Gedruckten
in den pfäffischen Konstrukten,
die wir früher einmal schluckten,
und vor denen wir uns duckten,
weil sie durch die Hirne zuckten,
bis wir endlich aufmuckten
und noch einmal hinguckten
auf die ganze Wirklichkeit
in Raum und Zeit,
raum - zeit -
befreit.

TRAGIK-TRAGENDES VERTRAUEN[19]
oder tragik-getrübtes Versauern

Luther`s zentrale Frage heute

**Wie
finde ich das
tragik-
tragende
Vertrauen?**

In kunst-geraechter Eigenhaft

Bleib` Mensch
und intendiere nicht,
Vollendung zu erlangen.
Du aktivierst Dein-Eigenlicht,
das Dich nur blenden wird und
fangen in kunstgeraechter Eigenhaft.

Ertrinken wirst Du, nicht verschonen
wird Dich die wilde Strudelkraft der
selbst-ver-dreh-ten Illusionen.

Sei   Mensch - Mensch,
intendiere nicht,
Vollendung zu
erlangen.

Du
bist ja schon
im Ursprungslicht
durchlöst, bejaht, umfangen
von der ALL-EINEN-Gegenwart,
die tragik-tragend Dich erbaut,
die Dich durchgart, die Dich
durchklart, und die Dich
mit Dir selber
traut.

Sich tragen lassen

Sich
vom tragiktragenden
Vertrauen einfach tragen lassen
und dem Tra-gik-tra-gen-den
immer wieder neu vertrauen,
um sich an ihm, in ihm, mit ihm
tiefer, weiter zu erbauen
und die Tragik zu ertragen,
die dem Leben innewohnt.

**Im
tragik-
getrübten
Versauern**

Denn
sie hat eine Lebenssicht,
die hat für sie Totalgewicht!
Und diese Sicht ist ziemlich dunkel!
Es blüht ihr geistig manch` Furunkel,
manch` sichtbedingtes, hausgemachtes,
das schwände als ein Ausgelachtes.

Doch würde sie das sehr empören,
denn solches will sie gar nicht hören!
Es könnte ihr die Sicht beschmutzen
und ihre Düs-ter-nis-se stutzen,
ihr Sichtgeglaube arg erschüttern
und sie bedrängen beim Verbittern.

Damit sie dieses endlich lässt
und umkehrt hin zu jenem Rest
von tragiktragendem Vertrauen,
das seelisch hilft, sie rauszuhauen,
aus ihrem sichtbedingten Trauern
im tragikgetrübten Versauern.

Im Fallen getragen sein

Im Falle
Deines Fallens
wirst Du auf jeden
Fall getragen
sein,
auch wenn Du es nicht gleich gewahrst.
Drum lass Dich nicht im
Fallen fallen!
Finde
vielmehr
Gefallen am
Tragik-Tragen-
den, nicht nur im
Falle Deines Fallens.

So ist es NUN-UM-MICH gescheh`n!

Es
ist noch nicht
um mich gescheh`n!
Ich werd` noch manche
EINSICHT schauen, noch
manche   Krise   übersteh`n
im   tragik - tragenden   Vertrauen.

Es ist noch nicht um mich gescheh`n!
Ein   Lebens-Abschnitt   ist zu Ende.
Ich hab` NUN-ENDLICH eingeseh`n:
ES   schenkt sich nur   in offene Hände!

Es ist noch nicht um mich gescheh`n!
Ich richt` mich auf im Jetztseitssegen.
Noch eine Strecke werd` ich geh`n
auf ur-alt-neuen LEBENswegen.

So ist es NUN-UM-MICH
gescheh`n!

Tragik-
Tragende-
Vertrauens-Trauung

Und wer sich dennoch traut,
dem Misstrauen zu misstrauen,
und es mit allerletzter Kraft und
seinem Restvertrauen schafft,
sein Wandeln im Miss-
trauen
zu
bedauern,
zu betrauern,
dem traut sich,
wenn auch unverfügbar,
tragik-tragendes Vertrauen an.

Und,
transformiert,
Dich
überstehst

Das tragiktragende
Vertrauen, es spricht zu Dir:
Komm her zu mir, ich will
Dich auferbauen. Ich richte Dich
nach allen Schlägen wieder auf.

Ich zeige Dir das, was Dich trägt,
was Dich erhält und Dich erhellt,
damit Du Dich zu seinem Licht
gesellen kannst und Dich in ihm
der Lebenstragik stellen kannst
und, transformiert, Dich überstehst,
hinübergehst ins Jetztseits jenes LEBENs,
aus dem Du kommst, in das Du gehst, in dem
Du immer schon - ur-ent-sprun-gen - anwest.

Traum vom Ur-Sprung [20]

Der
Ur-Sprung
am Hang
des Lebens,
vertrauensvoll
ins Tragik-
Tragende
im Absprung
ohne Angst,
tiefenwärts,
denn mit Angst
erstarre ich
und zerschelle
wie Porzellan,
angstfrei aber
lande ich
sanft und weise
im Ur-Grund
des Ursprungs.

Vom tragiktragenden Vertrauen

Der
Mensch,
zum Tragen auserkoren,
ist gleichzeitig tragisch verloren
und findet sich nur
wieder ein
im Schauen
auf das tragik-
tragende Vertrauen.

Versöhnung

öffnet Atemraum

und lässt die Gegner blühen,

bis sie sich gegenseitig

achten

in

ihrer Blüte.

Lasse Los

Kirchlich komplimentär

Komplementär
zur lauten Kanzeltönung von
allumarmend christlicher Versöhnung,
im Kirchenalltag die subtile Dröhnung

des aus-
erwählten Glaubens
Selbstverwöh-
nung,

der eigenen Widersprüche steter Schönung
und darin die sublime Verhöhnung
der sonntäglich gepredigten
Versöhnung.

Absage
an ein klerikahl
dominiertes Versöhnungsgespräch

„Ihr vorauseilender Gehorsam
dem voreiligen Versöhnlichkeitsgetue
gegenüber raubt mir meinen Lebensatem.

Denn nur das vorausheilende Lauschen
auf heilsame Versöhnung lässt uns
befreiende Gesänge atmen.

Dazu sind Sie,
nach meiner Erfahrung,
kaum in der Lage, weil Sie dazu
selten nur wirklich willens sind.

Die Umstände Ihrer Anfrage lassen mich
vermuten, dass Sie die unversöhnliche Lage
nur betäuben, nicht aber bestäuben wollen
mit wirklicher Versöhnung."

Ver(-)söhnung

Warum sträuben sich mir
immer alle Nackenhaare,
wenn ein Pfarrer salbungsvoll
von Versöhnung predigt?

Obwohl ich doch aus tiefstem Herzen
Versöhnung als die Wirklichkeit
erachte, die so heilsam wirkt
und das Erl(i)egende erledigt?

Warum nur sträuben sich mir
immer alle Nackenhaare,
wenn ein Pfarrer salbungsvoll
von Ver(-)söhnung predigt?

Krönung der Versöhnung

In
Gegnerschaft
verhöhnt. Zum
Lieblingsfeind
gekrönt. Den
Altkontakt
verpönt.
Sich
bald
daran
gewöhnt.
Doch unterm
Leid gestöhnt,

das in der Seele frönt,
die manchmal leise tönt:
Nur in der Versöhnung
schenkt sich Dir die
Krönung!

DAS-WAS überwindet

DAS-WAS
im Tiefsten uns verbindet,
ES lässt sich nicht zerstören,
auch wenn sich in Euch Arges windet,
sich gegen mich verschwören will
und manche Gründe findet,
Euch weiter zu betören,
mich noch mehr abzuwehren,
so bleibt doch DAS-WAS überwindet.

Ihr könnt - betäubt - es ü-ber-hö-ren,
DAS-WAS im Tiefsten noch verbindet:
ES west an, jenseits aller Störung!
ES strahlt aus einem lichten Gönnen,
dem wir, trotz aller Selbstbetörung,
uns letztlich nicht entziehen können.

Vom
Ungewöhnlichen
ver-
söhnt

Als ich bei Euch,
von Euch verhöhnt, entflogen,
wurd` ich vom Unversöhnlichen verwöhnt.
Doch hat es nicht sehr lang` in mir gedröhnt.
Es wurde IN-MIR nochmals neu gewogen
und - als zu leicht befunden - abgezogen.

Vom Ungewöhnlichen wurd` ich versöhnt
und so geschützt vor dem, was mich betrogen,
mir meine Sicht auf Euch schwarzweiß getönt,
mich dadurch in der Einschätzung verbogen,
so dass ich meinem Hass auf Euch gefrönt,
Euch in solch` verzerrter Sicht verhöhnt
und mich dadurch nur selber belogen.

Jetztseits neu belichtet

Jetztseits ist Dir schon vergeben!
Was Du auch zerbrochen hast,
nichts bleibt länger an Dir
kleben, lässt Du Dich
in stiller Rast.

Du wirst
Deine Brüche spüren, die
Dich mit der Welt verbinden.
Tiefe Reue wird Dich rühren,
sanftes Heilen Dich entwinden
Deiner eigenen Selbstverhöhnung,
die Dir kaum erlaubt zu leben
und Dich heilsam einzuweben
in not-wendende Versöhnung.
Nur versöhnt und aufgerichtet
wirst Du Dich nicht
mehr verbraten.

Jetztseits
wirst Du neu belichtet
für die Folgen Deiner Taten.
Alles wieder gut zu machen
legt sich nahe Dir im Licht.
Und Du findest Dein Gesicht
im verrohten Weltenrachen.

Für ein versöhntes Wiedersehen

Ich hätt` Euch doch so gern gehasst,
nachdem Ihr mich bei Euch vertrieben.
So sehr ich ihm mich auch verschrieben,
der Hass hat mich nur kurz erfasst.

Ich träumte manchmal von Versöhnung
mit Euch in wunderbaren Bildern.

Doch tageswach,
in Traumverhöhnung,
erstrebte ich mich auszuwildern,
das traumversöhnende Gescheh`n
in dem, was es versucht zu schildern
in seinem Zuspruch abzumildern,
ihm grollgeballt zu widersteh`n.

Da ich stets neu auf Träume hör`,
um in so manchem Egorauschen,
mit dem ich oftmals mich betör`,
die Traumbotschaften zu erlauschen,
gelang es mir nach einer Zeit,
dem Grollbewaehrten zu entgehen.

Vom Grollgespaltenen nun befreit,
bin ich, mit mir versöhnt, bereit
für ein versöhntes Wiedersehen.

Agape

Die
Liebe höret
nimmer auf, auch
wenn der Christen
Glaube bricht,
verweht,
Das
Chris-
ten-tum
ver-geht!

Die KIRCHE stirbt† [21]

die

KIRCHE stirbt

- STOPP - und in ihr wirbt - STOPP -

ein alterndes geglaube um sein gnadenbrot

- STOPP - habt mitleid mit der armen - STOPP -

und mischt in das erbarmen - STOPP -

die zuversicht, wenn altes bricht

- STOPP -

erhebt sich bald

schon wieder neu - STOPP :

L E B E N D I G E S !

Anhang

Als ich das bess`re Leben suchte,[22]

......................................,

da träumte mir
von

„ＧＯＴＴ"

Prolog:

„Das Gebot,
man solle sich kein Bildnis machen von
GOTT,
verliert wohl seinen Sinn nicht, wenn wir GOTT begreifen
als das Lebendige in jedem Menschen, das Unfassbare,
das Unnennbare, das wir als solches nur ertragen,
wo wir lieben. Sonst machen wir uns immer
ein Bildnis. Nicht bereit, nicht willig
und nicht fähig, einem
einzelnen Gesicht
gegenüber
zu stehen,
stempeln wir
ganze Völker ab
und können ihnen
nichts anderes zugestehen
als die Fratze unseres Vorurteils,
das immer eine Versündigung bedeutet."

Max FRISCH

(IN: Ges. Werke Bd. II, S.279 Frankfurt am Main 1976/1986)

1. *Vorspiel: Instrumental*

Lieber Heiko!

In den letzten Briefen schilderten wir uns wechselseitig unseren „Traum vom besseren Leben" und beschrieben die Bedingungen, die notwendig sind, diesen Traum Wirklichkeit werden zu lassen. Dabei wurden große Differenzen sichtbar zwischen uns.

Um es auf den Hauptnenner zu bringen: Du meinst, in Deinem Traum vom besseren Leben ohne Gott, ohne Transzendenz, zurecht kommen zu können. Ich halte entschieden dagegen, dass ich bei meinem LEBENs-Traum ohne GOTT, ohne Berücksichtigung der *TRANSZENDENZ*, ohne Transpersonalität, nicht auskomme.

In Deinem letzten Brief fragst Du nun recht aggressiv an: Was denn mein ganzes Gerede von Gott, von Transzendenz, eigentlich solle, ob ich vielleicht die Verantwortung nicht selber tragen wolle, ob ich im Angesicht meiner Ohnmacht einen mächtigen Gott im Himmel brauche, ob die Sache mit Gott nicht eine Droge sei, um das kritische Bewusstsein zu vernebeln?

2.   *Das Gerede über Gott (Lied)*

Refr.:   Hat es jetzt auch Dich erreicht,
das Gerede über Gott?
Hat es auch Dein Hirn erweicht,
das Gerede über Gott?
Dieser geistige Schrott,
das Gerede über Gott!

1.   Was soll denn das Gerede über Gott?
Es ist doch wirklich überholt!
Du erntest damit ungewollt
nur mitleidiges Lächeln
oder Hohn und Spott.

2.   *Was bringt Dir Dein Gerede über Gott?*
Es stempelt Dich als frömmelnd ab,
hält Dich auf Illusionentrab,
und treibt Dich ohne Gnade in
den geistigen Bankrott.

3.   *Oh, lass` doch Dein Gerede über Gott!*
Und suche in Dir selbst den Halt
ganz ohne jede Gott-Gestalt.
In unserer Hand liegt die Gewalt,
die Welt zu meistern ohne Gott!

Wie Du weißt, habe ich mit den Hütern der Religion, die sehr viel von Gott reden - und manchmal auch von Gott schwafeln - so meine Probleme. Ich möchte deshalb nicht, dass Du mich pauschal mit ihnen in einen Topf wirfst.

Um Dir zu verdeutlichen, was ich meine, wenn ich „GOTT" sage, möchte ich Dir einen beeindruckenden Traum erzählen, der mich vor einiger Zeit heimgesucht hat. Genau wie Du höre auch ich auf die Weisheit meiner Träume. Und so glaube ich, in diesem Traum, einem „Gottestraum", Entscheidendes über die Art und Weise erfahren zu haben, wie das traumproduzierende Unbewusste in seinen Bildern über „GOTT" spricht.

3.   <u>**Träume sind besondere Schäume (Lied)**</u>

Refr. A: Träume sind nicht immer Schäume!
Jetzt und hier eröffnen sie Dir
unbekannte neue Räume.
Hat dein Leben sich verfahren
offenbaren Träume manchmal
Lösungen im Unlösbaren.

1. In des Lebens Wirrungen,
   selbstverkeilt als Konkurrent,
   verlacht der Traum Dir vehement
   Deine Selbstverirrungen.
   In des Lebens Wirrungen,
   verknäuelt in Hass und Sympathien,
   hilft der Traum mit Strategien
   der Abwehr von Verirrungen.

Refr. A: Träume sind nicht immer Schäume ...

2. In des Lebens Wirrungen,
   mitten in den Turbulenzen,
   mahnt der Traum zu Konsequenzen,
   zum Auszug aus den Irrungen.
   In des Lebens Wirrungen,
   im Gestrüpp von Neid und Gier,
   weist der Traum auch häufig Dir
   Wege aus Verirrungen.

Refr. A: Träume sind nicht immer Schäume ...

3. In des Lebens Wirrungen,
   auf der Suche nach dem Heilen,
   lässt Dich der Traum geheilt verweilen
   diesseits aller Irrungen.
   In des Lebens Wirrungen,
   in manch` zerbroch`ner Lebensart,
   führt Dich der Traum aus Irrungen
   zum Ursprung in der Gegenwart.

Refr. B: Träume sind besondere Schäume!
   Jetzt und hier eröffnen sie Dir
   hilfreich die zentralen Räume.
   Hast Dein Leben Du verfahren,
   offenbaren Träume manchmal
   Lösungen im Unlösbaren.

Also folgendes träumte mir: „ICH stehe mit drei anderen Menschen zusammen und diskutiere mit ihnen heftig und kontrovers über GOTT.

Meine Position ist die eines aufgeklärten Christen: Ich berufe mich auf Jesus von Nazareth und seine transformatorische Vorstellung vom menschenfreundlichen Gott: GOTT ist den Menschen zugewandt, so vertrete ich, GOTT ist für die Menschen da.

Mein erster Diskussionspartner greift mich massiv an: Das Gerede vom menschenfreundlichen Gott sei alles hirnverbrannter Unsinn, geboren aus einem unausrottbaren Wunschdenken. GOTT, das sei eine fürchterliche Macht, vor der man erzittern müsste vor Angst, und dabei bebt er heftig und zittert vor Angst wie Espenlaub.
Ich versuche dagegen zu argumentieren mit meiner These vom menschenfreundlichen GOTT, vor dem man keine Angst zu haben brauche. Ich berufe mich wieder auf Jesus von Nazareth, der GOTT in seiner Erfahrung als „ABBA", also als: „Wie-ein-Vater-zu-uns" erlebt und verkündet hat.
Doch der Ängstliche bleibt bei seiner furchterregenden Gottes-vorstellung und predigt laut den mächtigen und grausamen Gott.

Mein zweiter Diskussionspartner ist ein entschiedener Atheist, jemand, der die Existenz Gottes leugnet. Er lacht uns beide aus und meint, wir hätten uns da in unserer Vorstellung einen Gott gebastelt, den es gar nicht gäbe, ich mir einen menschenfreund-lichen, der andere sich einen gräulichen.
Für ihn dagegen, den Atheisten, stehe fest, dass es Gott nicht gebe. Nur schwache Menschen würden sich in ihrer Fantasie einen Gott schaffen, entweder einen hilfreichen oder einen aggressiven, je nach Bewusstseinslage. Er dagegen sei ein aufgeklärter, emanzipierter Mensch, der sich keinen Gott basteln brauche.

Er ähnelt übrigens Dir, lieber Heiko, in seiner Art und seinen Argumenten.

4. _Die Gottesfrage (Lied)_

Refr.: Viele Fragen stellen sich!
Welche Antwort ist nun richtig?

1. _Gibt es Gott? Ist er da?_
   Oder war er einmal da?
   Oder ist Gott schon gestorben,
   für uns heute längst verdorben?

2. _Oder ist Gott nie gewesen?_
   Woran könn`n wir dies ablesen?
   Oder wird er nochmal werden,
   irgendwann für uns auf Erden?

3. _Oder sollen wir Gott vergessen,_
   unser Leben selbst vermessen?
   Oder ist solch` ein Vergessen
   aller Gottheit selbst-vermessen?

4. _Woher kommt das Gottverlangen_
   oft mit großer Vehemenz?
   Gibt`s vielleicht die Frequenz,
   die uns hilft, Gott zu empfangen?

5. _Was ist mit der Transzendenz?_
   Falls sie IST, welch` Konsequenz
   hat sie wohl für unser Leben,
   für das Nehmen, für das Geben?

Nach einer Weile intensiver, heftiger Diskussion zwischen uns dreien schaltet sich der Vierte ein. Er meint, er könne es nicht verstehen, warum wir uns so ereiferten über eine Sache, die ihm völlig gleichgültig sei. Ob Gott oder Nicht-Gott, das sei ihm total egal. Was ihn einzig und allein interessiere, sei Geld, Macht und schöne Frauen. Wir sollten es ihm doch gleich tun, uns für Geld und Sex engagieren und nicht für so einen Unsinn wie die Sache mit Gott, von der man ja sowieso nichts habe.

Wir widersprechen ihm deutlich und massiv. Unsere Auseinandersetzung wird immer härter und aggressiver. Sie wogt hin und her, ohne jemanden zu bewegen, von seiner Position abzuweichen. Wir stehen hart gegeneinander, ein Konsens, eine Übereinstimmung ist nicht in Sicht und auch kaum denkbar.

5. Kanon:
Wohin führt uns ein Streit über GOTT?

Ein interessege-
leiteter Streit über Gott
führt uns niemals sehr weit.
Er treibt nur seine Spur,
er vertieft die Unkultur
weiterer Gespaltenheit.

Da geschieht plötzlich etwas Eigenartiges, Traumhaftes:

Es nähert sich uns eine Art Lichtkreis. Zuerst sind wir verwundert. Doch mit zunehmender Nähe fasziniert uns dieser eigenartige Lichtkreis. Als er bei uns angekommen ist, umfasst er mich und umschließt den Angstvollen. In dem Moment, in dem er mein und sein Herz durchdringt und uns verbindet, spüre ich die Anwesenheit einer ungeheuren Liebesenergie und einer mächtigen Vertrauens-kraft, die den Angstvollen und mich trägt und uns vereint.
Ich nehme wahr, dass auch der Angstvolle es spürt und - wie vom Blitz getroffen - **WISSEN** wir in diesem Augenblick beide: Das IST GOTT, der uns berührt, diese Gegenwart einer gewaltigen Liebe, diese bebende Präsenz, die uns umfasst, das ist GOTT.
Wir wissen es einfach, jenseits aller Argumente.
Ergriffen von jener Liebeskraft fallen wir uns in die Arme. Dabei spüre ich ganz tief in mir: Dies` ist unsere Aufgabe: Sich von jener unbeschreiblichen Liebe ergreifen lassen und in ihrer Kraft die Welt umarmen und gestalten!
Das gleiche wiederholt sich in ähnlicher Intensität mit mir und den beiden anderen, dem Atheisten und dem Gleichgültigen.

Und jedes Mal wissen wir: DAS IST GOTT !

Erschüttert und ergriffen nehme ich wahr, wie alles in mir jubelt: Es ist mir jetzt offenbar: Das IST GOTT, diese Liebespräsenz, die man mit Argumenten und Begriffen nicht einfangen kann.

Ich gewahre auch die Nutzlosigkeit jeder Diskussion Über-GOTT, wenn man nicht gleichzeitig VON-IHM ergriffen ist und IN-IHM-ZU-IHM erwacht.

Zuletzt umfasst uns alle vier der Lichtkreis mit seiner Liebeskraft und lässt uns in der Verbundenheit miteinander die beschriebene Liebes-Präsenz erfahren. Dann weitet sich die Lichterscheinung und durchdringt die Erde, den Weltraum, den Kosmos. Als es mir zu intensiv wird, erwache ich aus diesem ungewöhnlichen Traum mit klopfendem Herzen, bebendem Leib und einem Schluchzen vor Freude und Jubel.

Nachdem ich mich wieder gefangen habe, stehe ich auf und notiere den Traum, denn ich weiß, er enthält eine wichtige Botschaft."

6. *Zwischenspiel: Instrumental*

Soweit mein Gottestraum, lieber Heiko.

Vielleicht verstehst Du nun etwas besser, was ich meine, wenn ich „von GOTT" rede.

Ich meine nicht den Über-Vater im Himmel.

Ich meine nicht den Hilfsgott für die Schwachen, nicht den: „Hab`- mich - lieb- und - lass - mich - sonst - in - Ruhe"- Kuschelgott.

Ich meine nicht die Gottesdroge vieler Religiöser und heute auch vieler Esoteriker.

Ich meine nicht den autoritären Kirchen-Stabilisator-Gott.

Ich meine „GOTT", so wie ich ihn symbolisch in meinem Traum erfahren habe als eine ergreifende WIRKLICHKEIT, die sich in die Traumbilder „einbildete" und in ihnen aufrichtend und verbindend aufleuchtete, „GOTT" wie er uns auch von Jesus von Nazareth bezeugt wurde:

„GOTT IST DIE LIEBE und wer in der Liebe wohnt, der wohnt IN-GOTT und GOTT-IN-IHM", so heißt es in der Bibel.

7. Wo die Liebe wohnt (Kanon)

Wo die Liebe wohnt,
da wohnt auch Gott.
Wer in der Liebe bleibt,
der bleibt in Gott.

Du kannst Dir nun sicher vorstellen, lieber Heiko, dass ich meinen Traum vom besseren Leben nur mit diesem Vorzeichen, diesem „Gottesvorzeichen" vor der Klammer des Lebens entwerfen kann. Alles andere wäre mir zu kurz geträumt und würde zu keinem besseren Leben führen.

Ich möchte daran mitarbeiten, möglichst viele Menschen auf diese Liebespräsenz hinzuweisen, damit sie ihr Leben in ihr nun neu und besser buchstabieren und leben lernen. Ich hoffe, wir sind in unserem brieflichen Gespräch ein Stück weitergekommen.

Ich grüße Dich herzlich,

Dein Lasse

8. Nachspiel: Instrumental

Nachtrag 1:
Rainer Maria Rilkes Gottesbild:
„Gott nicht mehr als ein demonstrierbares, forderndes Gegenüber, sondern als ein immer schon im tiefsten Inneren Gegenwärtiger und Wirkender, der vom Herzen in besonders schöpferischen, „glühenden" Augenblicken erfahren wird, ohne dass er sich dadurch „verriete", seinen Geheimnischarakter verlöre."

Günther Schiwy

(IN: Rilke und die Religion, Frankfurt a.M. 2006, S. 41)

Nachtrag 2:
Ein Gottestraum ist ein „Gottestraum", also ein träumendes Symbolgeschehen in der Tiefenpsyche - nach C. G. JUNG ein Traum aus der SELBST-Sphäre. Er sagt etwas darüber aus, wie die PSYCHE empirisch überprüfbar von Gott in Symbolen spricht, nicht mehr und nicht weniger.

Selbstveranschaulichung des S E L B S T

Am intensivsten ist das Erleben in jenen seltenen Fällen, in denen das SELBST sich selber veranschaulicht: wenn es um Etwas ganz Fundamentales geht. Dann nimmt das Erleben jene Intensität und auch Qualität an, die heute in der Religionswissenschaft als _numinos_ - als faszinierend und erschütternd zugleich - bezeichnet wird. Erlebnisse des SELBST haben nicht nur jene _Intensität_, über die in der religiösen Tradition von Gotteserlebnissen berichtet wird, sondern auch jenes _Erscheinungsbild_. Die Analyse der Gestaltungen des Unbewussten hat nämlich ergeben, dass das

S E L B S T

wenn

es sich

selber veran-

schaulicht, dazu

jene Gestalten und

Symbole bildet, welche

Religionswissenschaftler aus

den verschiedensten Kulturen als

G o t t e s b i l d e r

zusammengetragen haben. Das heißt,
dass die im Verlauf der Kulturgeschichte
zu Stande gekommenen Gottesbilder als synonyme
Selbstveranschaulichungen des SELBST aufzufassen sind.

Willy Obrist

(IN: Die Natur: Quelle von Ethik und Sinn, Zürich 1999 S.312)

Brief an einen guten Freund aus der Studentenzeit ⁽²³⁾

Lieber Heiko!

Wie sehr habe ich mich auf das Wiedersehen mit Dir gefreut, und wie war ich dann betroffen von Deiner Hoffnungslosigkeit und Deinem Zynismus. Wo ist Deine starke Hoffnung auf positive Veränderung, mit der Du mich oft angesteckt hast während unserer gemeinsamen Studentenzeit? Wo ist Deine Lebensfreude, wo Dein Lachen über die Unverbesserlichen? Wo ist Dein befreiender Humor geblieben, mit dem Du uns oft aus bedrückten Stimmungen herausgeholt hast?

Du gibst der Menschheit noch ein paar Jahre bis zum kollektiven Selbstmord. Du sprichst vom gemeinsamen Verdampfen und Verglühen. Du hältst alles Engagement für lächerlich, weil der Untergang nach Deiner Meinung im System programmiert sei. Du spürst keinerlei Verantwortung mehr, sagst Du. Du willst in den paar Jahren, die Dir noch bleiben, ganz für Dich selbst leben. Deine Worte und der Klang Deiner Stimme, sie haben mich geschockt, Ich war wie gelähmt, erschrocken, gebannt. Ich wollte Dir Etwas entgegensetzen, aber es gelang mir irgendwie nicht.

In der letzten Nacht hatte ich einen Alptraum, in dem ich unsere Situation wie in einem Spiegel gesehen habe. Du sitzt auf dem Schoß einer riesigen schwarzen, monsterähnlichen Gestalt mit Krakenarmen, die Dir langsam die Luft abdrücken. Du bist ganz zufrieden damit und lässt Dich erwürgen. Ich stehe vor Dir, vor Schreck völlig erstarrt und hilflos.

Soweit mein Alptraum. Ich glaube, lieber Heiko, Deine Hoffnungslosigkeit und Dein Zynismus werden Dir Dein Leben langsam abschnüren und dann hast Du wirklich nur noch ein paar Jahre!

Auch ich habe Ängste, lieber Heiko, auch ich bin manchmal ratlos und frage mich, wie das alles enden soll. Doch ich habe auch Hoffnung. Ich möchte Dir von meiner Hoffnung erzählen im Zusammenhang mit einer Geschichte, einer biblischen Geschichte.

Ach der mit seinem Religionsfimmel, wirst Du jetzt sagen, und Du wirst mir - wieder einmal - mein Wandlungen vorwerfen.

Ich erinnere mich noch gut daran, wie wir uns in unserer Studentenzeit über religiöse Menschen lustig machten. Religion ist Opium für`s Volk, Droge, mit der man das kritische Bewusstsein vernebelt: Daran glaubten wir, und wir schauten sehr verächtlich auf diejenigen herab, die sich die Religionsdroge reinzogen.

Besonders amüsierten wir uns über solche Geschichten wie z.B. „Jesus geht über das Wasser", in unseren Augen ein hirnverbrannter Unsinn. Und genau an dieser biblischen Geschichte möchte ich Dir, lieber Heiko, meine Hoffnung buchstabieren.

Seit damals habe ich einige Wandlungen durchgemacht: Auf der Suche nach mehr Lebenstiefe habe ich den Wert von Träumen entdeckt und mich für Meditation geöffnet. Mit Staunen habe ich herausgefunden, dass in Träumen und Meditationen Bilder aufsteigen, die bedeutungsvoll sind und einen Weg weisen können, sozusagen „Botschaften von Innen". Ich habe die Bilder- und Symbolsprache entdeckt, in der unsere Seele sich äußert. Langsam habe ich mich in das Verständnis dieser universalen Symbolsprache - die übrigens allen Menschen gemeinsam ist - eingeübt.

Auf diesem Wege habe ich dann auch Zugang gefunden zu Symbolgeschichten. „Jesus geht über das Wasser" ist eine solche Symbolgeschichte, die ich mit neuen Augen sehen gelernt habe. Natürlich sind weder Jesus noch Petrus über das Wasser gewandelt. Wörtlich genommen wäre dies` barer Unsinn. Symbolisch gesehen aber weist diese Geschichte für mich auf eine Lebenswahrheit hin, die ich erfahren habe. Davon möchte ich Dir berichten:

Du weißt, lieber Heiko, dass die Geburt unseres älteren Sohnes (1979) mit Komplikationen verlief. Meine Frau musste während der Schwangerschaft mehrmals mehrere Wochen ins Krankenhaus wegen vorzeitiger Wehentätigkeit.

Du kannst Dir vorstellen, wie geschafft sie war, als sich die Geburt endlich ankündigte. Bei der Geburt war ich dabei. Als die Presswehen einsetzten, hatte sie keine Kraft mehr, das Kind herauszupressen. Die Ärzte, bis zu diesem Zeitpunkt ganz ruhig und gelassen, wurden nun hektisch. Ich wurde ziemlich barsch aus dem Kreißsaal hinausgeworfen und mein Sohn wurde ziemlich brutal mit der Saugglocke aus dem Mutterleib herausgerissen. Kannst Du Dir vorstellen, wie mir zumute war? Ich fühlte mich wie in einem Sturm, im Bild gesprochen: Mein Lebensboot wurde kräftig hin und her geworfen.

Etwa eine halbe Stunde später wurde ich in den Kreißsaal gerufen: Man gratulierte mir zur Geburt meines Sohnes. In meine anfängliche Freude mischte sich schnell ein zunehmendes Erschrecken über seinen Zustand. Er lag da, nackt, ein hilfloses Würmchen, am ganzen Körper blau angelaufen, den Kopf von der Saugglockengeburt wie zu einem Zuckerhut verformt und das Schlimmste, in fürchterlichen Krämpfen zuckend. Ein junger freundlicher Arzt, der mein zunehmendes Entsetzen spürte, bedeutete mir, die Geburt sei schiefgegangen und wir müssten wohl mit einem geistig behinderten Kind rechnen. Ich spürte, wie ich in ein schwarzes Loch fiel. Aus dem Sturm wurde ein Unwetter. Die Verzweiflung begann in mir hoch zu kriechen.

Die frisch gekürte Mutter, erschöpft aber glücklich über die Geburt unseres Sohnes, sah mir alles am Gesicht an. Ihr freudig erwartender Blick erlosch, und als sie die Situation ganz erfasste, fühlte ich, wie auch sie in Verzweiflung fiel.

Ärzte von der Kinderklinik kamen mit einem fahrbaren Sauerstoffzelt, verpackten unseren krampfenden Sohn und verschwanden. Wahrscheinlich wird es mehrere Wochen dauern, bis Sie ihr Kind haben können, wurde mir auf meine Anfrage erwidert. Und mit den Worten „Ihre Frau braucht jetzt viel Ruhe" und „Sie können heute Nachmittag wiederkommen" schob man mich aus dem Kreißsaal.

Das Unwetter, in dem ich steckte, tobte gewaltig! Es drohte mich in die Untiefen von Verzweiflung zu treiben. Von allen Seiten stürmte es auf mich ein: Alle Hoffnungen auf ein gesundes Kind zerschlagen! Ein geistig behinderter Sohn! Wie werden wir damit fertig? Und viele Ängste um meine Frau!

Und plötzlich geschah etwas völlig Unerwartetes, etwas Beglückendes und gleichzeitig Erschreckendes, fast Gespenstisches. Der Sturm in mir legte sich, und ich hörte so etwas wie eine innere Stimme, die mir zuflüsterte: Hab` Vertrauen, hab` einfach Vertrauen. Es waren nicht nur Worte, es war mehr: Es war ein Durchströmtwerden von diesen Worten mit einem tiefen Gefühl von Vertrauen, von Kraftwellen der Geborgenheit und des Getragenseins, die durch mich hindurch pulsierten. Zuerst war ich erschrocken, mich durchzuckte es, jetzt fängst Du an zu spinnen, jetzt drehst Du durch.

In der biblischen Symbolgeschichte erschrecken die Jünger auch, als sie den wandelnden Christus auf dem Wasser sehen. Sie halten ihn für ein Gespenst.

Doch der momenthafte Horror des Gespenstischen wich schnell von mir, denn das Berührtwerden von dieser unerwarteten Kraft war etwas zu Beglückendes. Ich fühlte ganz tief eine Anwesenheit von etwas Unbeschreiblichem, eine Anwesenheit, die mich mit ihren Kraftwellen durchströmte und mir immer wieder anbot: Hab` Vertrauen, hab` einfach Vertrauen, alles ist gut.

Die Szene des wandelnden Christus auf dem Wasser, der seine Jünger im sturmgepeitschten Boot tröstet und auffordert zu vertrauen, passt als Symbol deckungsgleich auf meine Erfahrung. Nach einer Weile des staunenden Beglücktseins kamen die Ängste und die Verzweiflung wieder und versuchten, mich einzufangen. Ich spürte, wie in mir eine gewaltige Frage in Richtung der erfahrenen Kraft aufbrach: Wie kann ich die Ängste und die reißende Verzweiflung überwinden?

Als Antwort kamen wieder die strömenden, kräftigenden Worte vom Vertrauen. Eine Gewissheit schwoll in mir an, die Gewissheit, dass alles Ängstigende, Nach-Unten-Ziehende Lähmende, Tötende zu schwach ist gegen die Kraft, die ich erfuhr, und dass alle Ängste und alle Verzweiflung überwunden werden, wenn ich mich auf diese Kraft einlasse.

Wieder entdecke ich meine Erfahrung in der biblischen Geschichte symbolhaft ausgedrückt. Petrus bekommt auf seine Frage, ob auch er die sturmgepeitschten Wellen überschreiten könne, die Antwort vom „Christus auf dem Wasser": Hab` Vertrauen zu mir und komm` her. Petrus vertraut und geht los. Es gelingt ihm, das tosende Wasser zu überschreiten. Doch als er seinen Blick vom Christus abwendet und auf die angstmachenden Wellen schaut, geht er in ihnen unter und wird erst gerettet, als er sich hilfesuchend an den Christus wendet, der ihn aus den tosenden Wassern der Angst herauszieht.

So ähnlich ist es mir auch ergangen. Die Ängste und die Verzweiflung haben mich häufiger zu packen versucht, und wenn ich auf sie schaute, haben sie mich überwältigt. Doch die Erinnerung an die Vertrauenskrafterfahrung hat mir Mut gemacht, dorthin zu blicken, mich dorthin zu richten, umzukehren, und von dorther ist mir Kraft zugewachsen, die drei Wochen Ungewissheit nach der Geburt meines Sohnes zu überstehen und die Last und das Leid von anderen mitzutragen.

Wie Du weißt, haben sich alle Befürchtungen in Bezug auf unseren Sohn verflüchtigt. Er ist ein ganz gesundes Kind geworden.

Lieber Heiko, ich wünsche Dir von ganzem Herzen eine solche Hoffnungs- und Vertrauenserfahrung, doch ich befürchte, Du hast Dich schon so stark in die Sichtweise des untergehenden Petrus verrannt, dass Du nur noch Hoffnungslosigkeit und Verzweiflung sehen kannst, weil Du sie sehen willst. Dreh` Dich um, schau` in die andere Richtung. Kehre um und lass Dich auf die Vertrauen, Hoffnung und Liebe spendende Kraft ein, für die der „Christus auf dem Wasser" ein Symbol ist.

Ob die Welt zugrunde geht oder ob das Rettende uns noch zuwächst ist offen. In meinen eigenen Wandlungen bin ich zu der Einsicht gelangt, dass uns das, was die Welt und uns noch retten kann, gerade dann sichtbar wird, wenn wir uns ganz auf die beschriebene Kraft einlassen.

Lieber Heiko, weil Du mich magst, hoffe ich, dass Du über diesen Brief nachdenkst.

Dein Lasse

Geschrieben für den „Gottesdienst in anderer Gestalt" mit dem Thema: „Die Kraft, Deine Angst zu umarmen" anlässlich des **Jugendtages 1983 unter dem Motto: Umarme Deine Angst!**

(Entworfen und gestaltet von der Künstlerin Sibille Pannen)

Anmerkungen

AUS: **Lasse Los: Im Staunen bin ich frei gesetzt**
Gedichte, Lieder, Texte - BoD, Norderstedt 2016
(2) + (3) + (11) + (12) + (13) + (15) + (20) + (23)

AUS: **Lasse Los: Verwundert**
Heilsames Mißlingen - Testlauf in der Kunst des
Scheiterns - Gedichte und Briefe - BoD, Norderstedt
2016 - (8) + (16)

AUS: **Lasse Los: *R*-AUSGEFLOGEN**
Ein bunter Abgesang auf einen Kreuzweg in und aus
der real existierenden Kirche - Texte, Gedichte, Briefe,
BoD, Norderstedt 2016 - (1) + (4) + (5) + (6) + (7) +
(9) + (10) + (14) + (17) + (18) + (21)

AUS: **Lasse Los: Seid ihr noch zu retten?**
Tiefenökologische und spirituelle Gleichnisse als
Music- Textivals - erste Version 2001 - erweiterte
Neuauflage 2016 - BoD, Norderstedt - (22)

AUS: **Lasse Los: Den Umkehr-Blick wagen**
Wort-Bilder und Gedichte – Erstauflage 2016
BoD, Norderstedt - (19)

In der Reihe Edition LOS sind außerdem erschienen:

Band 1: Lasse Los: Im Staunen bin ich frei gesetzt
Gedichte, Lieder, Texte 2001 - Neuauflage 2016
BoD, Norderstedt

Band 2: Lasse Los: Verwundert
Heilsames Misslingen - Testlauf in der Kunst des
Scheiterns Gedichte und Briefe 2001, erweiterte
Neuauflage 2016 - BoD, Norderstedt

Band 3: Lasse Los: *R*-AUSGEFLOGEN
Ein bunter Abgesang auf einen Kreuzweg in und aus
der realexistierenden Kirche! Texte, Gedichte und
Briefe - erste Version 2001 – erweiterte Neuauflage
2016 - BoD, Norderstedt

Band 4: Lasse Los: Seid ihr noch zu retten?
Tiefenökologische und spirituelle Gleichnisse als
Music- Textivals - erste Version 2001 - erweiterte
Neuauflage 2016 - BoD, Norderstedt

Band 5: Lasse Los: Den Umkehr-Blick wagen
Wort-Bilder und Gedichte – Erstauflage 2016
BoD, Norderstedt

Band 6: Lasse Los: ...dennoch JA zum Leben sagen!
Musik-Text-Collagen zu drei bewegenden tragischen
Schicksalen: Gesine Wagner, Etty Hillesum und
Martin Gray - Erstauflage 2016 - BoD, Norderstedt